中学生の声を聴いて主権者を育てる

佐々木孝夫

高文研

はじめに

この本は、コロナ禍の四年間（二〇二〇年～二三年）を中心に、まだ有権者ではない、しかしこの国に生活する国民のひとりであるという意味で立派な「主権者である中学生」が、核兵器や沖縄の米軍基地問題、日本や世界の政治について学習を深め、自らの願いや要求を当事者に伝えた「中学生の声」を紹介したものです。私たちの国が抱えるこれらの大きな課題に対して、調べたり発表したり仲間の意見を聞いたりしながら、意見文や当事者への手紙に書いた「中学生の声」です。この本で出会うたくさんの「中学生の声」を聴いてください。中学生の声は、私たちと同じ「主権者の声」です。

いま学校現場は、教師も子どもも次々と降りかかってくる様々な課題に翻弄されています。追い立てられるような日々に自分を見失いそうになるからこそ、「教育の目的とは何か」を見つめ直し、その原点に立つことが必要ではないでしょうか。教育の目的について、教育基本法の第一条には、「教育は、人格の完成を目指し、平和で民主的な国家及び社会の形成者として必要な資質を備えた心身ともに健康な国民の育成を期して行われなければならない」と書かれています。教育の目的は「人格の完成を目指」すこと、それは子どもが自分らしく成長することであり、

「平和で民主的な国家及び社会の形成者」を育成すること、つまり「平和を希求する民主的な社会をつくる主権者を育てること」にあるのです。この大原則を見失わず、そして政治や社会への信頼が崩れつつある今だからこそ、主権者を育てる教育を学校教育の柱にしていく必要があると思います。

学校教育の主人公である中学生は、自分が生きる社会や政治にどんな願いや要求を持っているのか、その願いや要求を伝える「中学生の声」を社会とどうつなげていくのか、教育現場で模索しながらおこなってきた教育実践を紹介しています。学校現場で奮闘している教師の皆さんやこれから教職を目指そうと考えている学生の皆さん、「定額働かせ放題」と揶揄される過酷な教職に就くことを躊躇している皆さんにも、この本を手に取っていただきたいです。教育問題に関心のある市民の皆さんや、教育をテーマに研究されている研究者の皆さん、核兵器の廃絶や沖縄の基地問題について考えている皆さん、そして様々な分野で政治に携わっている皆さんにも、この本を読んでいただければ幸いです。

私は、二〇二四年三月に再任用の期間を二年残して、四〇年に及ぶ教員人生に一区切りをつけました。学校現場を離れると、心に大きな空洞ができたようで、満たされない寂しい毎日です。今すぐにでも現場に復帰して中学生の前で熱く語り、優しく無邪気な、そして時に真剣な中学生の姿を見たい、その声を聴きたいと思わない日はありません。しかし、時は過ぎていくのです。私はよく中学生に「今という時間は二度とない。今できることに全力を尽くそう」と、教師らしく語ってきました。でも本当は、その言葉は自分自身に向けたものでした。コロナ禍になり、退職までの月日も数年となって、「今できることに力を尽くそう」との思いが、特に強くなったからです。

学校現場の何重もの困難さを横に見ながら、いま私にできることは、「中学生の声」を伝えるこの本を書くことでした。無邪気な日常のやりとりとは別に、真剣に述べた「中学生の声」は全力投球のストレートです。緩いカーブや騙すような変化球はほとんどありません。この声にどれだけ励まされて教師という職業を続けてきたか、どれだけ助けられてきたかわかりません。損得や駆け引きではなく、道理や真実を求める声です。中学生のその声に、私たちが気づかされることも多くあるのではないでしょうか。この本に掲載したたくさんの「中学生の声」を聴いてほしいです。そこには、教育基本法が教育の目的と定める「平和で民主的な社会をつくる主権者」の声があります。

そして、「起案」や「指示」という形式主義に管理される上意下達の傾向が強い、どこにでもある公立の中学校にあっても、教育基本法の「教育の目的」に則り、学習指導要領さえも味方につけ、自由で創造的な教育活動を展開することが可能なことを知らせたいと思います。政党に中学生の質問を書いた手紙を送る、駐日外国大使館に各国首脳に宛てた手紙を送る、市長や地元の議会・議員に質問や意見の手紙を送る、核兵器や沖縄の基地問題を学習して当事者に手紙を送る等、学習したことを基にして「中学生の声」を社会に発信してきました。これらの教育活動は、

第2章の（3）「『核兵器の廃絶』に関する授業と学習指導要領」に詳しく述べていますが、学習指導要領が強く求めている「主体的・対話的で深い学び」をも達成するものです。

私やその仲間たちとの教育活動がそうであったように、いまの学校現場でも「政治的中立性」などという曖昧な言葉やその威圧に躊躇することなく、職場の同僚や仲間と創り出す知恵と勇気と協同の力で、楽しく有意義な「主権者教育」を発展させてほしいと願っています。この本を読んでいただくすべての方が、「中学生の言葉」に勇気を得て、これからの様々な活動に少しでも役に立てていただければ幸いです。

目次

第2章 「核兵器をなくして！」中学生の願い

第3章

現地の声を聞く「沖縄学習」

第4章 中学生と駐日外国大使館の交流

第5章
主権者として行動する

第6章 「こんな街で暮らしたい！」中学生の願い

第1章

国政選挙に合わせておこなった「中学生の模擬投票」

1 私たちが取り組んだ「中学生の模擬投票」

◈「本当」の模擬投票

二〇二一年一〇月に実施された衆議院議員選挙に合わせておこなった「中学生の模擬投票」。その後の授業で、中学生は次のような感想を書いています。


「自分たちの未来が変わると思うと、ソワソワしてきた。どの政党も『がんばれ！』と思った」

「模擬投票が本当の投票みたいで、大人になったら自分も選挙に行きたいと思いました」

「私は正直、アンケートから返事は来るかな、と思っていましたが、まさかの六つの政党から返事が来て、すごく驚きました。読んでいて楽しかったし、色々知ることができました」

「今まで一四年間、選挙のことなんて考えたことはなかったけど、初めて選挙に興味を持てた」

「政党ごとに意見が違い、社会の問題をどう解決するかがわかり、とても有意義な時間でした」


模擬投票の学習に取り組んだ生徒の興奮が伝わるようです。三〇ページを超える回答集を読まなければならなかったのに、多くの生徒は「楽しく、有意義な時間」と感じたようです。

それは、なぜなのか。そのことについても、中学生の感想は教えてくれます。

「普段生活するなかで、今の日本の取り組みに対して疑問に思うこともありましたが、それを私たちの一票で変えることができるかも知れない、ということを初めて実感しました」

「この模擬投票を通して、一票の重たさを知りました。それは、政党によって考えや方針が異なっていて、日本も大きく変わることがわかったからです。軽い気持ちで投票してはいけない。自分も国を変える一人だという責任を知りました」

「民主主義の日本にとって、投票率が低いのは重大な問題だから、今の政府に文句がある人もない人も、政党の考えをしっかり知って、自分の手で政治を動かすべきだと思いました」

「政党からの回答集を読んで考えてみて、初めて政治や政党の大切さや重みを知りました。選挙が日本の進む道を決めると言ってもおかしくないくらい大切だから、今回の模擬投票をきっかけに、家族や周りの人たちと真剣に話し合いたいと考えました。自分の一票では変えられないけど、大勢の人が集まれば日本の未来を変えられるんじゃないかなと思いました」

選挙に行かない世の大人たちに読んでもらいたい中学生の声です。「一票が日本の未来を変える」という主権者としての意識を、この模擬投票は中学生に育むことになったのではと思います。

また、「今、日本は若者の投票率がとっても低いけど、こういう模擬投票の取り組みが全国に広がればいいなと思った」と書いてくれた生徒がいました。その中学生の思いに私の願いを重ね、主権者を育てる教育としての「中学生の模擬投票」について、紹介していきます。

◈全校でおこなう初めての模擬投票

これまでにも中学三年生の公民の授業で「中学生の模擬投票」を実施してきました。生徒が自分でいくつかの政党のマニフェストを調べ（政党のホームページなどから調べる宿題）、授業の中で投票するというものです。このマニフェスト調べは中学生にとって相当な課題でしたが、勉強が苦手な生徒も一生懸命ワークシートに書き込んできました。政治について知ることは、背伸びしたい年頃の中学生には魅力があるのかも知れません。しかし、二〇二一年は退職後に再任用として赴任したばかりの中学校で、中学三年生の担当ではありませんでした。担当する中学一・二年生に政党のマニフェストを調べさせるのは難しいと思いました。

そこで、社会科の目標が「平和で民主的な国家及び社会の形成者に必要な公民としての資質・能力の基礎の育成を目指す」としていることから、主権者を育てること＝主権者教育を前面に出して、全校で社会科の授業を中心に取り組んではどうかと考えたのです。私にとっては、今まで実施したことがない全校での取り組みでした。

また、政党のマニフェスト調べが難しいなら、中学生が政党に聞きたいことを質問してみるのはどうかと考えました。これまでにも、様々な人たち（駐日外国大使館、地方自治体、ＮＧＯ、企業等）に中学生の質問や意見を送ってきました。丁寧に回答してくれる場合がほとんどです。大人に質問することは、まだ大人ではない中学生の特権です。それなのに、中学生の質問にまともに答えない政党なら、もはや政治の未来を託すに値しないでしょう。政党から回答が来て、それらを冊子にまとめ中学生にそのまま提示できれば、中学生はマニフェスト調べをしなくても、政党の考えを知ることができます。これは、かなりの名案だと思いました。

ただ、このような学習をしたことのない中学生が、教師が予想するような質問を出してくれるでしょうか、選挙として選択ができるような多岐にわたる質問となるでしょうか、確かな自信があったわけではありません。しかし、中学生は素晴らしい。中学生を侮ってはいけません。中学生は、大人同様にコロナで傷ついた人々の困難さに心を痛め、コロナ禍に苦しむ社会の歪みを感じていました。そして、だからこそ社会や政治に対して強い願いを持っていたのです。

全校で中学生に書いてもらったアンケート用紙は、次のようなものです。アンケートの趣旨をしっかり説明したうえで、これを実施したいと考えました。

「国政選挙に合わせた模擬投票を実施するための、『政党に聞いてみたい』アンケート
四年の任期が満了する衆議院議員の総選挙が、一〇月三一日に予定されています。コロナ禍にあって様々な課題がある日本の政治がこれからどうなるのか、そして、私たち国民の安全で安心な暮らしはどう保障されるのか、この選挙結果が大きなカギを握っています。それは、衆議院で

多数を占める政党の党首が内閣総理大臣に指名（国会議員の投票で）され、国政の中心を担うことになるからです。だから、国民がどの政党に投票するかが日本の針路を決めていくことになります。しかし、最近の国政選挙（二〇一七衆議院議員選挙）の投票率は五四％です。一八歳選挙権が実現しましたが、一八歳の投票率は四八％、一九歳では何と三三％、そして二〇歳代も三四％という低投票率（総務省の資料より）です。若者の政治不信や政治離れと言われていますが、これでは間接民主制が正しく機能しません。日本の未来は真っ暗です。

そこで、将来の主権者である中学生にも、今回の衆議院議員選挙に合わせて模擬投票を体験してほしいと考えました。衆議院議員選挙では小選挙区と比例代表の二票を投じるのですが、今回は衆議院に会派がある六つの政党（自由民主党、公明党、立憲民主党、日本維新の会、国民民主党、日本共産党）から一つを選んで投票する比例代表の模擬投票をおこないます。日本の政治が政党政治であり、多数の国会議員が所属する政党が内閣を組織し政権を担う仕組みだからです。近い将来、中学生が選挙権を手にした時、みんなの一票が何十万、何百万と集まって、社会を大きく動かすことになるかも知れません。選挙権を大切にする大人になってほしいです。

日本の若者が選挙に行かない理由の一つに『何を基準に投票すればいいかわからない』という声があります。いくつもの政党がたくさんの候補者を立てていますが、それぞれの政党がどのような考えを持っているのか、どんな政策を実行しようとしているのか、それを知る必要があります。そうでなければ、私たちの希望や願いを実現してくれる政党はどこなのかわからないからです。そこで、模擬投票をおこなうに際して、六つの政党がどんな考えを持っているのか知る必要があります。中学生は、どんな事柄に関して政党の考えや意見を聞いてみたいですか。政党に質問書を出してみることにします。個人や班で話し合い、『政党に聞きたいこと』を書いてください。『政党に聞きたいこと』はどんなことですか。また、そのことを聞きたいのはなぜですか、『聞きたい理由』も書いてください」

◈政党に送った一〇項目の質問書

二〇二一年の衆議院議員選挙に合わせておこなった、中学校二四学級、九〇〇人の全校生徒から寄せられたアンケート結果を示します。中学生が書いた質問内容を、数の多い方から一〇項目（生徒がその質問をしたい理由や意見も掲載）にまとめたものです（一部省略しています）。

①これから、どのようなコロナ対策を実施していきますか。

・ニュースで、仕事を失っている人を見かけるからです。
・コロナでつぶれてしまったお店や経済を立て直してほしいからです。
・近所でも閉店しているお店がたくさんあります。日本の経済がとても心配だからです。
・コロナで不景気になり、ホームレスになった人々がいます。助けてほしいです。
・コロナ禍で、若者や女性の自殺や虐待が増えていて悲しいからです。

・コロナのせいでいろいろ制限されて、中学生も悲しい思いをしているからです。
・友達とカラオケやライブにも行きたいし、部活の大会や行事を増やしてほしいからです。
・コロナが終息しないと、入試にも影響するかもしれないからです。
・コロナで衰弱した医療を立て直してほしいと思うからです。
・コロナに感染し苦しんでいる人がまだいます。コロナ治療薬を早く作ってほしいからです。
・病院に行けずに家で死んでしまった人たちがいたからです。
・ワクチンと緊急事態宣言以外に、もっと効果がある対策を出してほしいからです。
・コロナに感染して差別される人がいるからです。
・ワクチン接種の有無で、制限や差別が作られるのか心配だからです。
・ワクチンパスポートを作るより、コロナでも診てもらえる病院を作ってほしいです。

②地球温暖化などの環境問題を、どのように解決しようと考えていますか。

・温暖化の影響が様々なところに出ているからです。
・気温が高くなっていることを実感しているからです。
・今は冬にあまり雪も降らず、地球の異変を肌で感じるからです。
・先進国が出す二酸化炭素の影響が、途上国の子どもたちに出ていると言われるからです。
・温暖化が進むと、この先の地球が壊れるかもしれなくて怖いからです。

・脱炭素社会をどう作っていくのか、知りたいからです。
・ＣＯ２削減のための具体的な対策を知りたいからです。
・世界全体で危惧されているのに、全く改善する気配がないからです。
・核廃棄物の行方が気になるので、原子力発電はどうするのか知りたいからです。
・日本は地震大国で、原子力発電が心配だからです。
・原発再稼働か脱原発か、環境やコストの点からどう考えているか知りたいからです。

③世界の国々とどのような関係を築いていきますか。そのために何を実行しますか。
・中国や韓国と仲が良くないですが、仲良くするにはどうすればいいか知りたいからです。
・北朝鮮のミサイル発射は、仲良くなれば無くなるし、戦争も起きないと思うからです。
・領土問題が続いているけれど、早く解決して多くの国と仲良くしてほしいからです。
・争いが起きたら、戦争になってしまうかもしれないからです。
・国の予算で軍事費が多いと聞きましたが、違うところにお金をかけてほしいからです。
・日本は憲法で戦争をしないと宣言しているのに、自衛隊を持っているのはいいのですか。
・核兵器を持っている国にどう対抗するのか、心配だからです。
・世界には一三〇〇〇発以上の核兵器があり、どうやって国民の命と安全を守るのですか。
・唯一の戦争被爆国である日本にも、核兵器禁止条約を結んでほしいと思うからです。

④税金の集め方と使い道をどう考えていますか。

・消費税一〇%は、高いと思うからです。
・これ以上、消費税を上げてほしくないと思っているからです。
・消費税は上がるのに、生活は楽になっていないと感じるからです。
・赤字国債が増えていて、国の借金が一〇〇〇兆円にもなると知って心配だからです。
・税金の使い方に無駄があると思うからです。
・税金がどのように日本の未来に生かされるのか、気になったからです。
・増税するなら、国民のためにどう使うのか知りたいからです。

⑤これからの学校教育を、どのようにしたら良いと考えていますか。

・高校も義務教育にしてほしいからです。
・高校に行けないと仕事の幅が狭くなり、ＡＩが増えると人間の意味がなくなります。
・校則を見直し、髪形や服装などにもっと自由が欲しいからです。
・学校でのいじめが無くなってほしいからです。
・ＧＩＧＡスクールをこれからも進めていくと、ついていけない子どもが心配だからです。
・タブレットによる授業を本格的に進めてほしいからです。
・全国オンライン授業にして、感染の心配を減らしてほしいからです。

・コロナが原因で、学習の遅れがないか心配だからです。

⑥一人一人の人権が大切にされる社会を、どのように作っていきますか。

・同性婚について、日本では認められなくて苦しんでいる人がいるからです。
・今の社会には、ＬＧＢＴＱなど様々な性の人がいるからです。
・夫婦別姓について、夫婦だからと姓を同じにする必要はないと思うからです。
・ジェンダー平等の実現のために、どんなことを実施しますか。
・女性の国会議員も増やしてほしいと思うからです。
・障がい者をバカにしたり、差別したりする人たちがいるからです。

⑦少子高齢化の問題に対して、どのような対策を実施していきますか。

・今は子どもを育てることが大変で、どんな対策をとるのか知りたいからです。
・子育てがしやすくなる政策を考えてほしいからです。
・教育費が大学まで無償化の国があり、日本はどうするのか知りたいからです。
・高齢者を支えるための働く世代の負担が大きくなることが、心配だからです。
・老後の資金が必要と言われていますが、高齢者の雇用や年金がどうなるのか知りたいです。
・将来の年金がどうなるのか、とても心配だからです。

⑧沖縄のアメリカ軍基地を、これからどのようにしていく考えですか。

・沖縄をアメリカ軍の支配から解放してほしいと思うからです。
・沖縄の人たちの声を聞くべきだと思うからです。
・基地周辺に住む人たちの、騒音などの被害を解決してほしいと思うからです。

⑨投票率を高めるために、どのような方策を考えていますか。

・投票率が低いと、今後の日本が心配だからです。
・若者はネット投票ならやりやすいと思っているからです。
・スマホを使えば、投票率が上がると思うからです。

⑩日本国憲法第九条の改正問題について、どのように考えていますか。

・賛成、反対の意見を聞いて、しっかり考えたいからです。
・他国との関係に、大きな影響を持ってくるからです。
・戦争しないと決めた日本に集団的自衛権があるのは、疑問に思うからです。
・九条を改正すると、戦争に巻き込まれる危険性は高くならないか、知りたいからです。

◆中学生の「願い」の表明

中学生のアンケートを一枚一枚読んでいくと、何度も目頭が熱くなりました。中学生が聞きたいことが圧倒的に「コロナ問題」で、そこに具体的な中学生の声が書かれていたからです。「近所にも閉店した店がある」、「若者や女性の自殺や虐待が増えている」、「病院に行けずに亡くなった人がいる」、「感染したり、ワクチン接種を受けなかったりして差別が生まれている」など中学生が書いていることは、当時を思い返してみると、まさに私たち大人がこれらの痛ましい現実にどうすることもできない苛立ちや心細い気持ちでいたことと同じではないですか。中学生はそのことを敏感に感じ取り、身近な社会で起きている不条理な問題を率直に問うていたのです。

そして、中学生自身がその当事者として、楽しいはずの学校生活が様々な制限で息苦しくなり、行事や部活動も制限され、「入試にも影響するかもしれない」と、学校生活での不自由さや先の見えない不安な気持ちに苦しい思いでいることを痛いほど思い知らされました。中学生の、何とか良い方向に早く改善してほしいという強い願いを知りました。「コロナ問題を政治はどう解決しようとしているのか聞きたい」、それが中学生の最大の関心事でした。中学生の率直な声や願いを政治に携わる人たちにしっかり聞いてほしいと強く思いました。

しかし、中学生が聞きたいことはコロナばかりではありません。「気温が高くなっていることを実感している」、「雪も降らず、地球の異変を肌で感じる」、「この先、地球が壊れるかも知れなくて怖い」等、未来に生きる中学生にとって地球温暖化の問題は、世界の若者と同じように他人事にはできない重大な問題なのです。また、中国や北朝鮮などを敵視するだけでなく、「仲良くするにはどうすればいいか」知りたい、「多くの国と仲良くしてほしい」し、「戦争になってしま」わないように、軍事費ではなく「違うところにお金をかけてほしい」と、願いを綴っています。「夫婦別姓」を求め、「女性の国会議員を増やしてほしい」と、ジェンダー平等の社会への願いも書いていたのです。これは、政党への質問書というより、政治への要望書のような気がしてきました。質問したいことの理由や意見を考え記述することは、中学生が政治への願いや要求を明らかにしていく思考方法になったのではないかと、その有効性をあらためて実感しています。

◈政党に質問書を送る

中学生の質問書は、私たちの予想を超える内容だったので、今後が楽しみになりました。政党から何としても回答をもらいたい。政党への依頼文にも力が入りました。手紙は以下の通りです。

「〇〇政党の皆さま

清秋の候、平和で豊かな国民生活を実現するため活動されている政党の皆様に、感謝申し上げます。さらに今、コロナ禍の社会をどのように導いていこうとされているのか、一〇月末日に控えた衆議院議員選挙の動向に注目し、皆様の活躍に期待しているところです。

さて、大変お忙しい時にこのようなお願いをしますことは誠に恐縮ではありますが、将来の主権者である中学生の『主権者教育』のため、このお手紙を最後までお読みいただき、中学生の『政党に聞きたいこと一〇項目』の質問（別紙）に答えていただけますようお願い申し上げます。

私たちの中学校では今回の衆議院議員選挙に合わせて、主権者教育の一環として社会科の授業の中で模擬投票を実施することにしました。いま学校現場では、主権者教育やシティズンシップ教育に取り組むことが求められています。それは、人権意識の広がりや持続可能な社会の実現にも必要なことだからです。ＳＤＧｓの学習にも取り組んでいます。身近な地域や社会の課題にも注目し、自分事として考えるような学習も行っています。そのような広範な主権者教育の中でも、選挙は最も大切な主権者教育だと考えています。私たちの社会が、間接民主制という仕組みで成り立つ民主主義の社会であるならば、選挙こそ、国民主権を最も確実に保障する制度だからです。

しかし残念なことに、最近の国政選挙（二〇一七衆議院議員選挙）の投票率は、五四％でした。一八歳選挙権が実現しましたが、一八歳の投票率は四八％、一九歳で三三％、二〇歳代も三四％という低投票率です。若者の政治不信や政治離れと言われていますが、日本の若者が選挙に行かない理由の一つに、『何を基準に投票すればいいかわからない』という声があります。いくつもの政党が候補者を立てていますが、それぞれの政党がどのような考えを持っているのか、どんな政策を実行しようとしているのか、違いがわからないというのです。ですから、政党の考えを知る必要があります。そうでなければ、私たちの希望や願いを実現してくれる政党はどこなのか、わからないからです。私たちは、中学生にも政党がどんな考えを持っているのか知った上で投票してほしいと考えました。そこで中学一年生〜三年生の九〇〇人の生徒に、模擬投票をおこなう上で『政党に聞きたいことは何ですか』というアンケートを実施し、質問内容を多い方から一〇項目にまとめました。これら一〇項目の質問に、回答をお願いできないでしょうか。選挙の投票率が八〇％近い北欧の国々では、小学生から学校の宿題で政党を訪問し、政党がどんな政策を持っているか質問することが社会の文化になっています。日本でも、若者が政治を身近に感じ、いつでもどこでもオープンに政治を議論できる社会を創っていくことはできないでしょうか。

政党の皆様（現在、衆議院に会派のある六つの政党に同じ質問書を送らせていただきました）からの回答を印刷して中学生に配布し、中学生がそれらをじっくり読み、自分で考えて模擬投票に参加できることを願っております。中学校では、一〇月二七〜二九日に模擬投票を予定しています（開票は一一月一日です）。大変忙しい日程なのですが、一〇月二二日までに回答を送っていただけないでしょうか。政党の皆様から回答をいただければ、中学生は日本の将来や政治に希望を持ち、日本の将来に進んで貢献しようとする大人に成長していくと信じています」

この依頼文を添えて六つの国政政党（当時、衆議院に会派のあった自由民主党、公明党、立憲民主党、日本維新の会、国民民主党、日本共産党）に中学生の質問書を送付しました。真っ先に学校へ電話が来た（しかも、このような取り組みに感謝すると伝えられ、メールで回答を送りたいのでアドレスを教えてほしいとの問い合わせでした）のは、与党の自民党でした。これまでにも国政選挙の後に中学生が質問や意見などを書いて政党に手紙を送ったことがありますが、自民党から返事をもらったことはありません。「今回は違うぞ」という手ごたえを感じました。きっと多くの政党からも返事をもらい模擬投票が実施できると、その返信が楽しみになりました。

期待した通り、こちらが示した期限の二日後までに六つの政党全てが回答を送ってくれました。「すべての政党が回答してくれた」ことに、社会科部会の若い同僚も驚いていました。校長は初めに相談したとき少し心配していましたが、どこからも何の苦情も入りませんでした。そればかりか、政党からの回答はＡ４サイズで合計三〇枚を超えたのです。一八歳選挙権や主権者教育が注目されてきたからでしょうか、政党も低投票率を何とかしたいと思っているからでしょうか。いずれにしても、「これで、全校をあげての模擬投票ができる」と、喜びました。

◆社会科部会の共通理解と管理職の了解

全校でこのような模擬投票に取り組むのは初めてでした。三学年二四学級の中学校で社会科教師は私を含めて五人です。三人は三〇歳前後の若手で摸擬投票をおこなうこと自体、皆初めてのことでした。そこで、社会科部会で、摸擬投票とは何か、中学生が行う意味はどこにあるのか、どんな見通しで学習を進めるのか、忙しい学校現場でも共通理解を図る必要がありました。私は、「中学生の模擬投票について」の実施要項（☆日本の選挙は低い投票率だが、選挙に関心を持つ主権者を育てるという目標、☆主な活動として、政治について知りたいことのアンケートを実施すること、中学生の質問書を六つの国政政党に送り政党からの回答集という冊子にまとめること、☆回答集を社会科の授業の中で読み合い、さらに家に持ち帰り学習すること、☆模擬投票は政党を選ぶ比例代表の選挙とすること、☆時間に余裕があれば事後学習として選挙結果の話し合いや政党に手紙を書くなどしてみること）を示し、共通理解を図りました。若い同僚たちのためにも、何とかこの模擬投票を実現したいと思いました。

また、社会科部会の取り組みであっても全校で主権者教育の一環として模擬投票を行うなら、管理職である校長の了解が必要です。社会科部会の共通理解と承認を得た後に、今回の取り組み内容について校長に説明しました。校長は若い頃からとても人間性豊かな先生で、パワハラなどとは無縁の、生徒や教員思いの尊敬できる管理職でした。私は、正面から主権者教育の必要性や全校で実施することの大きな意義を説明しました。

最初に校長からは、「今年は政治学習と関わる三年生だけで、来年から教育課程に位置付けて全校で実施したらどうか」という回答でした。もっともなことです。しかし、時期を逃すわけにはいきません。再任用の身である私は来年度も同一校に勤務できる保証はないのです。「今できることは、今やっていこう」というのが、コロナ禍でも後悔しないための私の教訓でした。そこで、校長には、社会科では中学一・二年生の地理や歴史の授業であっても時事問題に触れることは教科の特性として当然であること、逆にいま目の前で起きている社会や政治の事柄に触れないのは地理や歴史の学習を表面的なものにしかねないこと、模擬投票のために教科の時間を何時間も使うのではなく、教育課程の範囲内で十分にできること等を説明して、了解を得たのです。

次に、政党に送る中学生の質問書を見せると、「沖縄の米軍基地問題をどうするか」と「憲法第九条の改正についてどう考えるか」について、「これは、政党や国民によってはいろいろな考えのある問題だから、中学生の質問としてはやめた方がいいのではないか」と待ったがかかりました。校長としては、政党や保護者から「政治的に意見が分かれる」問題に中学生が深入りするのはよくないと問い合わせが来たり、教育委員会から意見の分かれる問題を扱う際の「政治的中立性」云々などと問い合わせが来たりするのではないか、と心配したのかも知れません。教育の自主性や社会の寛容性を失くしている昨今の教育事情を考えると、まったくの杞憂とは思いませんが、「沖縄の米軍基地」や「憲法第九条改正」という問題について、それを中学校で扱うことだけをもって「政治的中立性に抵触する」ということはまったくありません。中学校で「政治」が反映する問題を扱うことはもちろん、「意見の対立する問題」を扱うことも全くタブーではないのです。むしろ、中学生が書いているように「両方の意見」を聞いて、自分で考えることが大切です。

平成二九（二〇一七）年版中学校学習指導要領の「社会科の改定の基本的な考え方」という項目に、「……主権者教育などについては、引き続き社会科の学習において重要な地位を占めており、現実の社会的事象を扱うことのできる社会科ならではの『主権者として、持続可能な社会づくりに向かう社会参画意識の涵養やよりよい社会の実現を視野に課題を主体的に解決しようとする態度の育成』が必要」と書かれています。学習指導要領でも「現実の社会的事象を扱うことのできる社会科ならでは」と、積極的に時事問題を扱うことが社会科の役割の一つであることを示しているのです。そして、「課題を主体的に解決しようとする態度の育成が必要」といい、自分で考えることが大切であるとしているのです。中学生が「両方の意見を聞いて」としたように、時事問題を公平に扱い中学生に提示し、中学生が自分で考えを進めていくことに何の問題もないのです。校長も了承し、中学生が知りたいとする「一〇項目の質問書」を六つの国政政党に送付しました。

◆そして、模擬投票へ

中学生が模擬投票の学習をする前に、政党から送られた回答集の印刷作業が待っていました。翌年の参議院選挙時にはスクールサポートスタッフの方がほとんど印刷作業をおこなってくれましたが、この年は初めてのことで、放課後に社会科部会の若い同僚と遅くまで印刷したのでした。こんな作業の中だからこそ、普段は忙しくてあまり話せない政治や教育のことを話すことができました。苦労の中にも喜びありです。A４サイズで裏表三八ページになりました。これを全校生徒プラス全教職員分の合計一〇〇〇部を印刷したのです。とてもやりがいのある作業でした。

翌日から、それぞれの社会科教師が都合のいい社会科の時間内に回答集の読み合わせをおこな

２０２１　上尾市立大石中学校
社会科

模擬投票のための、**中学生の質問に対する「政党からの回答集」**

10 月 31 日の衆議院議員選挙に合わせて、中学校の社会科の時間を使って、模擬投票を行うことにしました。中学１年生～３年生、すべての社会科の授業で「政党に聞きたいこと」のアンケートケートをとり、それらを「政党に聞きたいこと 10 項目の質問書」にまとめて、衆議院に会派のある６つの政党（自由民主党、立憲民主党、公明党、日本共産党、日本維新の会、国民民主党）に同じ質問書を送りました。10 月 22 日までに４つの政党（自由民主党、立憲民主党、公明党、日本共産党）から返事が届きました。政党本部が、中学生の質問に丁寧に回答してくれました。将来の主権者である中学生に期待しているのだと思います。みんなが模擬投票するにあたって、この「政党からの回答集」をしっかり読んで、自分の願いや希望を実現してくれる政党はどこなのか、考えてほしいです。

４つの政党からの回答集は、全部で 26 ページに及ぶ長いものです。質問内容が 10 項目あるので、それぞれの政党の考えを比較しやすくするために、別紙の「政党からの回答集・比較表」に記入し自分の考えを持って、模擬投票に参加してほしいです。

目次

い、余裕のあるクラスでは意見の交流なども行いました。自分の出した質問への回答とあって、多くの生徒が興味深く回答集を読み進め、どの教室でも三〇分程度の時間、生徒たちは黙々と回答集に目を通していたようです。自分が出した質問に政党が答えてくれたことは、生徒にとってとてもうれしいことのようでした。ただし、膨大な量のすべてを読むことはとても無理です。読めなかった部分について「最低でも五項目は読み比べよう」として、家庭での課題としました。

本物の選挙が行われる前日までに、それぞれの社会科の授業で模擬投票を実施しました。なお、「中学生の模擬投票」の開票作業は、各クラスの社会科係が選管の役割を担い、本選の開票結果が出た翌日の放課後におこなっています。法令に抵触しないよう配慮しました。

模擬投票当日、私が担当したクラスではだいたい次のような授業を行いました。

1 『政党からの回答集』を基に家族とどんなことを話したか、何人か発表してもらう。
2 東京新聞に掲載の読者の投稿（日本でも政治教育を進めてほしい）を読む。
3 三枚の写真で、北欧の政治教育を紹介する。
4 四人班で『回答集』の注目した所や共感した政策について五分間話し合い、発表する。
5 模擬投票の実施。
6 これまでの学習について、感想を書く。七～八人指名して、感想を発表してもらう。
7 四人班で、「選挙で大切なことは何だと思うか、二つあげよう」という課題を話し合う。

そして、「あなたが意見を伝えたい政党に手紙を書いてみよう」という課題に、生徒は次のような意見を書いています。

「何を目指して、どんなことをするのか簡潔にまとめてあり、とてもわかりやすかったです。今まで政治について考えたことがなかったのですが、私たちの疑問に答えていただき、私はもちろん、家族で各党が目指している日本について知ることができました。この機会に、世の中の出来事に私はこう思うと自分の意見を持つことができ、少し大人になった気分です」

「私は、〇〇党さんの質問への解答を見て、とてもよく考えていて、書いたことを実現してほしいと思います。また、家に帰って回答集を親に見せて私の意見を言ったら、親が今まで選挙には行かなかったけど、今回初めて選挙に行ってくれました」

「とてもわかりやすかったです。中一の私でもとてもスラスラと読むことができました。また、人権に関する質問にも五つの具体的な例を挙げてくださったことに、とても安心感を覚えました。やはりきちんと未来への計画を作っていただいているところにこそ、投票するべきだと私は考えました。両親とも選挙について話し合ったりしました」

家族も巻き込み、子どもを大人に変えてくれる、中学一年生にもどんな政党に投票すべきなのか考えさせてくれる、そこに「中学生の模擬投票」の大きな意義と希望があると感じます。

2　なぜ、模擬投票をおこなうのか

◈国民主権を支える選挙の重要性

現代の日本は、国民主権の世の中です。日本国憲法にも、前文に「ここに主権が国民に存することを宣言し」とあり、第一条に天皇の地位は「主権の存する日本国民の総意に基く」と書かれています。

しかし、現実の日本社会では国民主権と呼べないような事態が進んでいます。二〇一五年に成立の安保法制が、多くの国民の反対の声を無視して強行されたことは忘れられません。敵基地攻撃能力の保有に伴う四三兆円もの膨大な軍事費の増額なども、国民主権にとって最も大切な国会という代表機関で審議される前に、閣議決定という一部の者によって進められているからです。また、多くの国民が賛意を表明し成立を望んでいる「選択的夫婦別姓」の導入や「同性婚」の法制化等は一向に実現していません。

国民主権を実現するには、国民の願いや要求を誠実に審議し、それを叶える国会でなければならないはずです。そのための間接民主制であり選挙なのです。にもかかわらず、今の日本でその選挙の投票率が極めて低いことは大きな問題です。特に若い世代で深刻です。衆議院議員選挙では二〇一七年から一八歳選挙制度が実施されましたが、二〇二一年の選挙では一〇歳代が四三％、二〇歳代が三七％、三〇歳代が四七％（総務省の資料より）でした。若い世代が政治に関心を持ち、少なくとも選挙には行くという社会をつくらなければ、民主主義国家が崩壊します。

中学生と選挙の学習をする際、日本では世界の国々に比べ投票率が低いことを教えます。特に若い世代が低いことを伝えます。そして、「なぜ、若い世代が選挙に行かないのか」と聞いてみると、「自分の一票では何も変わらない」、「どうせ社会は一部の者が決めている」、「誰が政治家になっても同じ」などという諦めや政治不信が国民の中にあることを挙げ、それより「家族や仲間と楽しむ時間を優先している」と、自分の家庭の様子を話しました。一方で、「だれに投票すればいいかわからない」、「何を基準に選ぶのか難しい」と、自分の気持ちを重ねた生徒もいます。

多大な金のかかる選挙になっている反面、様々な制限が加えられ政治の課題が見えにくくされている選挙運動の問題や、政治の本質よりスキャンダルを強調しがちなマスコミの報道などが、選挙が間接民主制を保障する大切な制度であることを阻害しています。だから、どこに投票すれば自分の願いや希望する政治を実行してくれるのかが見えなくなっているのです。

もちろん、今の日本の政治状況での小選挙区制という選出方法に最大の問題があると思いますが、こうして投票率が低い中で選ばれた議員や政党に正当性が与えられ、閣議決定や国会で国民生活に大きな影響を与えるさまざまな法律が作られ、それを実行する予算が立てられ国民の税金が使われていくことになります。投票率が低いということは、選挙に行かなかった多くの人たちの意思は反映されず、国民の思いとは別のところで国会の決定が行われていくことになるのでしょう。しかし、国会が決めたことや政治に不平や不満を言っているだけでは、何も変わりません。国民が選挙に関心を持ち、自らの意思決定を選挙という仕組みで行使していくことが何よりも必要だと思います。

◆中学校でできることは何か

では、その国民主権を支える民主主義社会における選挙の意義を念頭に置いたうえで、中学校教育では何ができるのでしょうか。政治や選挙というと、そこに教師の主義・主張がはいるのではないか、子どもたちの考えに影響を与えてしまうから慎重におこなった方がいいのではないか、だからあたり障りなく扱い、現実的な問題、特に意見が分かれる問題は取り扱わない方がいいのではないかなどと、政治課題を扱うことに弱気になったり躊躇したりしていないでしょうか。

さらに、実際の国政選挙等の前になると、必ずと言っていいほど教育委員会から「学校や教職員の選挙における政治的中立性について」などの文章が配布されます。文科省や教育行政のこのような行為は、教師や教育活動を委縮させる効果が大きいのだと思います。

教育基本法一四条に「良識ある公民として必要な政治的教養は、教育上尊重されなければならない」とあります。子どもたちが賢い主権者として成長していくには、「政治的教養」は尊重されなければなりません。子どもをひとりの主権者として尊重するならば、主権者にふさわしい政治的教養が必要です。現実の社会問題から目を背けたり、ごまかしたりしてはならないのです。だから、選択的夫婦別姓について話し合い、同性婚についても議論します。原発再稼働や敵基地攻撃能力の保有も取り上げます。核兵器禁止条約や沖縄の米軍基地についても考えるのです。

中学生から政治や選挙を遠ざけるのではなく、むしろ様々な意見があることを前提に自由に意見を出せること、議論できることが大切です。社会や大人に対してもやもやした気持ちを持っていても、そんなことを言ったら生意気だと思われるかもしれないと、自分の意見を押し殺している中学生にとって、さまざまな意見が飛び交うことは、自分だけでなく他の人もそう思っているのだという安心感や連帯感を生むことになります。中学生の頃から政治について自由に話し合うことが特別なことではないと感じられれば、成人して働く職場や生活する地域社会でも自由に政治を話し合うことができる、そんな成熟した社会に日本を変えていけるのではないかと思うのです。

そして、未熟であっても自分の意見を持ち、その意見を表明できることに学校教育の中で正当な評価が与えられるなら、「私はこう思う」とか「それはおかしいよ」と声を上げる主権者が育つのではないでしょうか。主権者を育てる教育は、学校内部の人間関係や学校の空気といったものまで変える可能性があると思います。

◈どんな模擬投票が望ましいか

一八歳選挙権の実施に伴い、全国的に高校や中学校でも模擬投票や模擬選挙が取り組まれています。特に高校では三年生で選挙権を行使する生徒もいて、学年や学校全体での取り組みが進められていると思われます。社会の変化への対応や教育目的の達成という学校側からの動機が高くなっているのと同時に、投票率の低さに危機感を覚える行政側（文科省、総務省、各地の選挙管理委員会など）からのアプローチも強くなっているように思います。

例えば、「主権者教育　ワークショップ補助教材　中学生用」を作成しているある市の選挙管理委員会は、「まちづくりゲーム」と「模擬市長選挙」を例に大学と連携して具体的で詳細なワークシートを用意し教材化しています。また、都道府県などの選挙管理委員会では、模擬投票・模擬選挙の体験プログラムを提示し、出前授業などを積極的に行っているところもあるようです。さらに、「特に選挙運動期間中に模擬選挙を実施する場合には、法律について深い見識を持つ選挙管理委員会等との連携を図ることが望まれる。選挙管理委員会等と連携することにより、選挙公報等を入手し、投票箱等実践的な器具を借り入れることも可能となることから、模擬選挙を実施する際に、選挙管理委員会等と連携した取組が期待される」、「それまでは投票の機会がなかった高校生等へ選挙制度等の周知・啓発を図るため、各市町選挙管理委員会と連携し、県内の高校等において選挙出前講座を実施しています。今年度の選挙出前講座では、選挙の意義、投票の方法、選挙制度、選挙運動などの説明のあと、実際の記載台や投票箱、実際の材質で印刷された投票用紙を使用し、県知事模擬選挙を体験していただきます。模擬選挙では、架空の候補者を立て、選挙公報により投票先を決めていただきます」等の行政側からの提案を受け、各地の選挙管理委員会と協力し、具体的な体験的模擬選挙を実施する学校が増えているのではないでしょうか。

選挙の意義を理解し、選挙の実際の流れを体験することで政治に関心を持ち、主権者として投票行動に参加していくようになれば、それは大きな意味があると思います。ただ、これらの模擬選挙は、いずれも架空の候補者や架空の政策について判断するのが中心です。「架空の候補者や政党を設定し行うことから、公職選挙法にとらわれず、より自由な学習活動を行うことができるという利点がある」と説明されているものもあります。

私の場合は、これまでずっと実際の政党についてそれぞれが実際にどんな主張や政策を掲げているのか調べ知ることを通して、自ら選択するという模擬投票をおこなってきました。模擬投票や模擬選挙が、行政主導あるいは行政との連携が主流になっているとの理解をしたうえでも、「模擬投票は、架空の設定で行うのではなく、実際の政党や実際の政策をもとに行うことが望ましい」と考えています。私たちのおこなう模擬投票に、切実感や当事者性、ワクワク感や学習の楽しさが極めて大きいことは、この章の冒頭で中学生の声として紹介した通りだからです。

◆「私たちの模擬投票」の意義

①「知りたい」は、自分事の学習へのスタート

中学生にも政党に聞いてみたいことがたくさんあり、「一〇項目の質問書」を読み直してみると、それらが、実は日本の社会が解決しなければならない課題と一致することがわかります。そ

して、中学生が政党に聞いてみたいことは、裏を返せば中学生が望んでいる「こんな社会になってほしい」という願いでもあるのです。だから、自分の願いを実現してくれる政党はどこなのか、中学生は真剣に回答を読み、時には「うなずきながら」、さらに「○○党は、僕たちが望んでいる社会を目指していました」と、心を揺さぶられたのではないでしょうか。まず、中学生が「聞いてみたい」、「知りたい」というその声から学習をスタートさせることが、自分事として模擬投票の学習を成立させることになるのだと思います。

②「政党の考えを知ること」は、主権者への第一歩

知ることが何より大切です。模擬投票をした後、「選挙で大切なことは何か、二つ挙げよう」と問い、四人班で話し合いました。どのクラスでも、「知ること」と「投票すること」という内容が挙がります。やはり、ワイドショー的な人気投票ではなく、「正しく知ること」＝真実を見極めることに迫りたいものです。他には、「話し合うこと」や「正しく選ぶこと」等も出て、中学生から教えられます。若者の投票率が低い理由に、「どこに投票すればいいかわからない」や「どこに投票しても変わらない」といった声がありますが、今回の模擬投票のように私たちの大切な一票を託せる政党はどこなのか、政党の考えや方針、政策を知ることが大切なのではないでしょうか。

模擬投票というこの学習の意義を端的に表現した、中学一年生の感想を紹介します。

「今まであまり政治のことについて触れる機会はなかったけれど、各政党への質問を考える時に、今の日本について深く考えることができました。一〇項目の質問書を読んで、こんなに社会には課題があるんだなと気づき、回答集を読んでその政党の考えに触れることができました。納得でき信頼できる内容も多くあり、反対に信頼できないという内容もありました。信頼できるところに日本を任せなければいけないので、政党の意見を知って自分で投票することはとても大切だということがわかりました」

他にも、生徒は次のように書いています。

「『学校教育をどうするか』という項目に着目して読み、政党によっていろんな意見があると思いました。自分が知らないこともたくさん書かれていたので、もっとよく政治を知り、身近なこととして関心を持っていこうと思いました」

「ずっとどの政党も考え方が同じようなものだと思っていたけれど、全然考えが違っていて、自分が思っていることと違う政党があるから、政治に目を向けることも必要なんだと思いました」

「国民一人一人が責任を持って政党を選び、政党は国民にどれだけ寄り添って考えをだせるか、それが選挙として大切だと思います。僕は一番国民目線になっていると思った政党を選びました」

「きちんと正確に答えを出している党と、ぼかして書いている党の二つがあると感じました。正確に答えを出している党が良いと感じました」


政党への質問づくりを通して政治への自分の願いや希望が明らかになり、質問に対する政党の回答集を読むことで、政党の考え方や政策の違いを理解します。政党の意見（考えや政策）を知った上で自分が信頼できる政党に投票することが、間接民主政治の根幹です。この一連の学習過程が、自分の考えを持った主権者を育てることにつながると考えます。

③「本物を知る」から、有意義で楽しい

さらに、生徒の声を紹介します。


「政党の考えを知り、自分が望む政治をしてくれる政党を選ぶのも楽しく勉強ができました」

「政党により意見が違い、社会の問題をどう解決するかがわかり、とても有意義な時間でした」

「各政党の考えを知り、それらを比べて自分の考えと近い政党はどこなのかがわかったので、とても良かったです。政治についてもっと知りたいと思いました。とても楽しかったです」

「小学生の時に模擬投票をやったことがあったけれど、今回はさらに本格的だったので、本当の投票を感じやすくてよかったです。政治について学んだことはあったけれど、政治家本人から直接想いを感じられたので、より身近に政治を感じることができました」

「模擬投票をする前までは、政治は手の届かないところにある感じがしていたけれど、投票してみると自分が日本の政治に関わったという実感が生まれて、うれしかったです」

政党からの回答集は全部で三八ページにもなりましたが、それでもこの学習は「楽しかった」と中学生は書いています。「日本の政治に関わったという実感が生まれてうれしかった」とも書いています。架空の候補者や架空の政策を提示して、中学生がこのような感想を持つでしょうか。

本物だからこそ、そこに中学生も立派な主権者であるという「子どもたちへの敬意」があってはじめて、このような感想が生まれるのではないでしょうか。中学生の模擬投票は、できるだけ本物であることが望ましいと思います。国政選挙がない年でも、自分が知りたいと思うことに政党はどのような考えや政策を持っているのかを調べることを基本にしたいです。政党によって考え方や政策が違うことに気づくでしょう。自分にはどんな願いや要求があるのか、その願いを実現してくれる政党はどこなのか、では選挙で自分はどこに投票したいのか。自分の政治に対する願いや要求を叶えてくれる政党や人を選び投票することが、間接民主制の原点です。

本物には伝わる感動があります。授業や教育活動は、できるだけ本物で勝負したいです。

④「社会は変えられる」と考える主権者に

中学生は、次のようにも書きました。

「どの政党もそれぞれの考えを持っていて、その中には自分が共感できる意見がいくつかあった。投票は日本の未来を決めることで、投票することは日本をつくっていくことだと感じた」

「普段生活するなかで、今の日本の取り組みに対して疑問に思うこともありましたが、それを私たちの一票で変えることができるかも知れないということを初めて実感しました」

「自分たちの投票がこの社会を変えるための大事なことだということもわかりました」

「自分の一票では変えられないけど、大勢の人が集まれば日本の未来を変えられるんじゃないかなと思いました」

選挙での一票で「私たちの社会を変える」ことができると、中学生は考えました。これこそ私たちの希望ではないでしょうか。真実を知り行動する主権者が、社会を変えるのです。「中学生の模擬投票」は、「平和で民主的な社会をつくる主権者」を育てる模擬投票でありたいと思います。

3 「模擬投票」の継続と、さらなる発展をめざして

◆二〇二二年の参議院議員選挙に合わせた模擬投票

前年の模擬投票を東京新聞さいたま支局が取材し、大きな記事（二〇二一年一〇月三一日付）を書いてくれました。記事の見出しは、「六党が協力　模擬投票」です。与党の自民党を含めた国政の六政党すべてが中学生の質問に答え、模擬投票をするための回答を送り協力してくれたのです。しかも、どこにでもある普通の公立中学校に対してです。この記事が公になった意味は大きいと思います。それは、私たちが実施した「中学生の模擬投票」が、与党の自民党も含めて「社会的に認められた」ことを意味するからです。どこからも何も問題にされませんでした。気むずかしい管理職のいる学校でも、「政治的中立性」にこだわりたい教育行政のある地域でも、どこの公立中学校でも実施することが可能です。どんどん広がってほしいです。

私たちは二〇二二年の参議院議員選挙を念頭に置き、年度当初の教育課程に「主権者教育の模擬投票」を全学年で位置づけました。これで、何の心配もなく取り組むことができます。さらに、近隣の学校にも呼びかけました。一校は私たちと同じ全校を挙げて、もう一校は関心を持った社会科教師が担当する学年で、三校の生徒一六〇〇人のアンケートを基に一〇項目の質問書をまと

め、六つの国政政党に再び「中学生の質問書」を送りました。昨年に続く実施ということもあり、政党からの回答はより詳しいものになり、回答集は全部で五三ページにもなりました。、政党の熱意さえ感じました。中学生の質問が、生徒の数が増えたことや昨年度の経験を生かした生徒がいたことで、より広い視点に立つ具体的で切実なものが増えたからかも知れません。

◈三校、一六〇〇人が求めた「二〇二二　中学生の質問書」

（ここには四五の小項目を載せましたが、実際の質問書は、質問する理由や意見を表す九〇の小項目を掲載しています）

①日本の平和と安全を守るために、世界の国々とどのような関係を築いていきますか。

・日本の平和を、どのように守るか知りたい。平和主義ですか、軍事力増強ですか。
・日本がロシアや中国などに攻撃されないためには、どのようにしていきますか。
・北朝鮮のミサイルでの挑発が怖い。日本は核兵器を持ち、自衛隊を増強するのですか。
・日本は専守防衛なのに、攻めるかわからない外国の基地を先に攻撃してもいいのですか。
・日韓関係の改善は何年も前からの課題です。新しい大統領と良い関係を作ってほしいです。
・「戦争をしない」と日本は言っているのに、なぜ核兵器禁止条約に入らないのか疑問です。
・アメリカの核の傘の下にいる関係を、これからどうしていきますか。

２０２２　上尾市立大石中学校　社会科　主権者教育　　（　）年（　）組（　）番・名前（　　　　　　　　）

模擬投票（2022 参議院議員選挙）のための、

中学生の質問に対する「2022 政党からの回答集」比較表

質問内容／政党名	①日本の平和をどう守るか	②ウクライナ侵攻への対応	③３年目のコロナ対策	④税金の集め方と使い方	⑤物価上昇への対策	⑥教育の無償化や増額	⑦どうする沖縄の米軍基地	⑧人権が大切にされる社会	⑨若者の意見を取り入れる	⑩温暖化やエネルギー問題	備考
自由民主党											
立憲民主党											
日本共産党											
公明党											
日本維新の会											
国民民主党											

①　「政党からの回答集」を読んでください。読むときは、自分が良いと思ったところに赤線などを引きながら読んでみよう。そして、上記の「政党からの回答集・比較表」に自分が感じたこと・考えを記入しよう。記入の仕方は、６つの政党の考えを項目ごとに比べ、**とても良いと思う・・◎、良いと思う・・○、どちらとも言えない・・△、あまり良いと思わない・・×、を記入してください。**そうすれば、あなたの考えや願いはどの政党と同じかがはっきりします。できれば全部読んで比べてほしいのですが、最低でも自分が関心を持った６つ以上の項目について比べてみよう。そこで違いがわからなければ、さらに比べる項目を増やしていこう。

②　「政党からの回答集」を読んで自分が感じたことや思ったことを、クラスの仲間や家族とも話し合ってみよう。そして、あなた自身がよく考えて、「模擬投票」に参加してください。

②ロシアのウクライナ侵攻に対して、どのように対応していきますか。

・子どもや市民が犠牲になっていて、早く終わってほしいと思っているからです。

・プーチン大統領に直接会って、戦争をやめるように話してほしいからです。

・日本はもっと困っているウクライナの人たちに支援してほしいです。

・ウクライナに武器の支援もしているが、武器を送れば戦争が激しくなるのではないですか。

・難民受け入れに厳しい日本が、ウクライナ難民だけを特別扱いにしていいのですか。

③三年目のコロナ対策は、今後を見すえてどのようにおこなっていきますか。

・落ち着いてきましたが、また流行するかもしれないので、今から対策が必要です。

・マスク着用の緩和が進みそうですが、反対派の意見もあり、どうするのですか。

・大人たちは自由だけど、子どもは修学旅行など我慢が三年間も続いているからです。

・コロナで亡くなった人がたくさんいます。薬の開発など、今後の対策を知りたいです。

④税金をどう集め、国民のためにどう使うことがいいと考えていますか。

・少子高齢化で税収が減ることが心配。消費税で賄うのか、他の税はないのか知りたいです。

・賃金が変わらず物価が上がっているなかで、税金も上がっていくのはなぜか知りたいです。

・女性のナプキンや赤ちゃんのミルクやおむつまで消費税率を一〇％にするのは、どうして。

・子どもに関わるお金（給食・ワーク資料集などの教材・医療費）を全て税金でできないか。
・日本は借金が多いが、なぜ、こんなに多いのか、無駄なお金はないのか、知りたいです。

⑤国民の暮らしを守るために、物価上昇などに対して対策はありますか。
・政治は国民の暮らしを良くするためにあると思うので、物価高をどうするのか知りたい。
・なぜこんなに物価が上がるのか、親も困っているからです。
・多くの食品が値上げされているけれど、輸入に頼る日本は、食料不足になるのではと心配。
・外国産の方が安くて儲かるといって外国産ばかりだと、国内で作れなくなるのではないか。

⑥学校教育の無償化や教育費の増額などについて、どのように考えていますか。
・奨学金を充実してほしい。進学希望者が平等に高等教育を受けられるようにしてほしい。
・公立学校にもっとお金が欲しいです。エアコンを増やし、トイレもきれいにしてほしいです。
・海外に比べて日本は校則が厳しい。制服などもっと自由があっていいと思ったからです。
・全国の公立学校で教員が不足しているそうです。先生が忙しすぎると僕たちも困るので、先生を増やしてほしいです。

⑦復帰五〇年の沖縄に今も多いアメリカ軍基地について、どのようにしていきますか。

・復帰五〇年のテレビ報道を見て、沖縄の声を政治はなぜ聞かないのか知りたいからです。

・ハンガーストライキやデモをしている人たちがいるのに、どうして政治が動かないのですか。

・沖縄の人たちが悲しんでいるのに、なぜ日本の政府が海を埋め立てるのか知りたいです。

・沖縄の米軍基地は、人々の生活や自然環境に大きな影響を与えているのに、沖縄の人々の声を聞かず、問題が解決されていません。これからどうしていくのか、知りたいです。

⑧ジェンダー平等など一人一人の人権が大切にされる社会を、どう作っていきますか。

・政治家や企業の経営者が男性ばかりで、日本はジェンダー平等な社会ではないと思います。もっと女性が輝けないと広い視野に立った意見が出てこないと思います。

・日本は他の先進国と比べて、ジェンダー平等やＬＧＢＴＱなどの問題が改善していません。

・オリンピックやパラリンピックでも差別問題が取り上げられて、どうなのか知りたいです。

・日本では、性的少数者や同性婚に対する世間の目が厳しいと感じるからです。

・夫婦別姓は認められないのですか。認められない理由は何ですか。

⑨若者の意見を取り入れる（声を聞く）政治を、どのようにおこなおうとしていますか。

・若者の投票率が低くて、もっと若者の声を生かす方法を考えてほしいからです。

・子どもたちが政治に興味を持てるように、もっと政治を分かりやすく発信してほしいです。
・沖縄の人たちの多くが反対しているのに、日本が米軍基地を作ろうとしているから、市民の声を聞く気があるのかと思ったからです。

⑩地球温暖化やエネルギー問題を解決するための方策を、どのように考えていますか。

・再生可能エネルギーがあるのにいつまでも火力発電や原子力発電を続ける理由を知りたい。
・地球温暖化がますます深刻化しているからです。どうやって解決していきますか。
・日本は火力発電が主ですが、自給率が低く温暖化にも悪影響なのに、どうしてですか。
・反対する人がいますが、原子力発電を活用せずにどうやって安定した電力を確保しますか。

ロシアのウクライナ侵攻から戦争の恐怖や日本への危険性も敏感に感じ、「平和主義ですか、軍事力増強ですか」と日本の進む道について、中学生は最大の関心を持っていました。コロナ禍での経済的困窮に「減税はないのか」と問い、東京オリンピックでの女性差別問題を問い、復帰五〇年でも変わらない基地の島・沖縄の現状に「住民の声を聞く気があるのか」と厳しい問いかけをしています。これら中学生の問いかけは、素朴でストレートであるゆえに、時として大人以上の問いかけにもなります。中学生は、選挙権がない未成年という存在ですが、社会や国の政治を真っすぐに問うことができるという点で、私たちの社会になくてはならない主権者なのです。

◆まだまだ進化する「中学生の模擬投票」

国政選挙が二年続き、私たちは前年の経験を生かして取り組みを発展させることができました。しかし、まだまだ進化させていくことができるでしょう。

まず、私たちはそうしましたが、社会科や特別活動、総合の時間などを調整して、「主権者教育としての模擬投票」を学校の教育課程に位置付け、全校で取り組みたいものです。選挙が、どの教室でも職員室でも、家庭や地域でも、その時に大いに話題になるといいです。そして、選挙や政治をタブーや秘密にするのではなく自由に話し合い、自分たちの民主主義は大切なのだと誰もが感じていくことが、日本の国民主権を前進させていくのではないでしょうか。

また、地域の他の学校とも連携して取り組みたいものです。私たちは三校で行うところまで来ました。実は二〇二三年の地方議会議員選挙の時に、市内一斉に取り組むことはできないだろうかと市教研（上尾市教育研究会の略称で、市内の教員約九〇〇名のほとんどが参加しています）の社会科部会で主権者教育の学習会を提案したのですが、なかなか学習会実施の見通しが示されず、学習会への参加者も少数で上手くいきませんでした。もちろん、参加する学校数が多くなれば、課題も出てくるでしょう。しかし、知恵を出し合い、学校ごとのアプローチになったとしても、近隣の学校が同じ時期にどこでも「模擬投票中」として社会と一体になる、あるいは社会をリードしていくことはできないでしょうか。

さらに、北欧のいくつかの国がそうであるように、子ども選挙が先に行われ、大人たちの選挙を盛り上げることはできないでしょうか（注）。今の日本の公職選挙法（一三八条の三　人気投票の公表の禁止）では、中学生らの模擬投票の開票は、本選の後でなければ法律に抵触する恐れがあるとされています。しかし、模擬投票に参加した中学二年生の「模擬投票で子どもたちの意見が整ったところで、大人たちが選挙権を持っているわけだから、子どもの意見は大人になるまで伝わらないのだろうなと思いました」という声に、どう応えることができるでしょうか。メディアなどによる選挙期間中のアンケート等に基づく「○○候補が優勢」などの報道の方が、正しい判断を鈍らせる影響があるように思います。私たちがおこなった「中学生の模擬投票」は、大人の選挙結果といつも真逆の結果でした。与野党も大きく逆転します。それはなぜなのでしょう。中学生の真剣な「問い」を、私たち大人も考えてみる必要があるのではないでしょうか。

そして、質問書のアンケート集計や政党への送付、回答集の作成などを教師と生徒合同の作業部会で、あるいは生徒中心の実行委員会などの組織を作って行うことができたら、生徒がより主役となった模擬投票・模擬選挙を、学校の文化として教育活動に位置付け継承していくことができるのではないかと、期待しています。

（注）あぶみあさき『北欧の幸せな社会の作り方』（かもがわ出版、二〇二〇年）に、「北欧では選挙前

になると、全国各地で高校生が投票の練習をする『学校選挙』『模擬選挙』が開催される。この学校選挙の結果は、本来の投票日の直前に発表されるのだが、政治家やマスコミは、この結果に非常に注目している。正式な選挙の結果には反映されないが、学校選挙は『未来の国の行方』を暗示しているともいえ、長期的な選挙分析に役立つからだ」（六六ページ）と、紹介されています。さらに、同書の八七～九〇ページには、「小・中学生の子ども選挙」についての紹介も詳しく書かれていて、とても興味深いです。

また、巻末に「子ども選挙　公式ＨＰ」として、https://barnasvalg.reddbarna.no/　が掲載されていて、とても参考になります。

第2章

「核兵器をなくして!」中学生の願い

1　二〇二一年、核兵器禁止条約が発効した年に

◈主権者教育は、すべての教育活動で

主権者教育は、模擬投票など選挙に関わる授業や教育活動に限ったものではありません。「はじめに」でも述べたように、教育基本法の第一条に教育の目的として、「教育は、人格の完成を目指し、平和で民主的な国家及び社会の形成者として必要な資質を備えた心身ともに健康な国民の育成」と書かれている通り、教育の目的が、「平和」を希求する「民主的」な社会をつくる主権者を育てることにあるからです。

だとすれば、教育活動はそのことを意識してもしなくても、あらゆる授業や活動が主権者を育てるにふさわしいものとなることが求められます。社会科等の教科の授業はもちろん、学級活動での話し合いも、体育祭や修学旅行、委員会活動等の特別活動での取り組みも、道徳の授業や部活動においてでさえもです。教育の目的を意識するなら、すべての教育活動は「主権者を育てること」を真ん中に置いた活動であることを、いつも心に留めておきたいものです。

私が担当する社会科の授業では、三分野（地理・歴史・公民）それぞれで現代の課題を取り上げてきました。児童労働、戦争と平和、難民問題、ジェンダー平等、核兵器の廃絶、沖縄の基地

問題、憲法の平和主義などです。それらの学習が単元の中での数時間の学習の時もあれば、提示された課題について生徒が調査してまとめの新聞を作ったり、講演会等で当事者から直接話を伺ったり、生徒が自分の意見を社会に表明したりすることで、生徒の記憶に残る学習活動となるよう工夫した時もありました。

この章では、私が若い頃からこだわり、様々な学習や教育活動をおこなってきた「核兵器廃絶」の学習ついて、主権者としての「中学生の声」を紹介し述べてみたいと思います。

◈前任校の離任式での生徒からの手紙

「こんにちは。佐々木先生は僕が出会った中で一番『本当の学び』をしていた先生であったと、先生が去った今改めてそう思います。自分の足でいろんな所へ行ってみたり手紙を出してみたりと、とても行動的な先生でした。核兵器のことや戦争のこと、差別や貧困のこと、様々なことを教えていただきました。中でも核兵器による被害や影響などは知らないことばかりでした」

「先生は授業でいつも私たちに『問い』を投げてくださり、その『問い』を考え解決することで毎回ステップアップしていくような感じでした。被団協の方のお話はとてもためになり、これからの自分たちの見方や考え方を大きく左右すると思います。このような学びや『考えること』をたくさん授業に散りばめてくださったことで、社会が本当に好きになりました」

「僕は今でも歴史と地理が好きです。でも、もっと好きだったことは、教科書の内容から離れ

核兵器のない平和な世界を!
〜中学生の声を聞いて〜
(M・Y)

た『核兵器』についての学習で、僕たちの未来を平和にしていくためのことを自分で考えることで、将来に希望を持つことができました」

「先生と作った『核兵器の小冊子』（パンフレット）を読みました。思っていたよりも完成度が高く驚きました。みんないろいろ調べていたり、ひとり一人の考えが載っていたりして、とても勉強になります。暇なときは繰り返し読んでいます。社会の授業では、人との交流が大切だということを学びました。人それぞれの考えを持っているから、自分の思うように決めつけてはいけない、そんなことも学びました」

「世界のことや核兵器のこと、先生はたくさんのことを教えてくれましたね。核兵器のパンフレットは私の宝物です。いつかあのパンフレットを世界中の人々に読んでもらいたいです。上尾駅で署名活動をする時は言ってください。超特急で歌い（署名活動の際にギターに合わせて歌うこと）に行きます」

「核兵器のことになると私も真剣になりました。これからも政府に訴え続けて、核兵器禁止条約を一秒でも早く批准させましょう」

二〇二一年四月二三日の離任式で、中学二年生に進級した生徒二四〇人から心のこもった手紙をもらいました。多くの手紙に生徒は、三学期に授業や教育活動を通して学んだ「核兵器の廃絶」に関することを書いていました。コロナ禍での不安な毎日を共に乗り越え、様々な活動をおこなった生徒たちが、今も心に「核兵器廃絶」の学習を刻んでいることを知り、うれしく思います。生徒の手紙を読みながら、一斉休校から始まった学校生活が鮮やかに蘇ってきました。

◆一斉休校から始まる学校生活

二〇二〇年三月に発出された安倍政権による突然の「全国一斉休校要請」によって、教育現場はこれまでに味わったことのない大きな試練に見舞われました。初めて経験するコロナ禍の学校生活はとても窮屈で制限が多く、また感染への不安に怯えるような毎日でした。しかし、そんな日々は逆に「学校とは何か」、「学ぶとはどういうことか」という教育の根本を私たちに深く問いかけたように思います。私は、「学校は子どもにとって楽しい場所であってほしい」、「子どもたちには、みんなが笑顔で過ごしてほしい」、「授業も行事もできることを精一杯おこないたい」と考えるようになりました。

では、「楽しい」とはどういうことでしょうか。井上ひさしさんの次の言葉が思い浮かびます。
「むずかしいことをやさしく、やさしいことをふかく、ふかいことをゆかいに、ゆかいなことを真面目に」。この言葉に象徴される教育活動が行われる学校なら、きっと「楽しい」学校に違いありません。コロナ禍の学校で、教育の原点に立ち返った気がしました。

二〇二〇年度は、入学式もそこそこに、六月までの二か月に及ぶ臨時休校による家庭学習から始まりました。週一回の自宅学習用の課題出題時に、「社会科の学習の仕方」という社会科通信（裏表三ページ）を添えることにしました。まだ見ぬ中学生へ、様々なメッセージを送りたかったのです。社会科とはどんな教科か、何を学んでほしいのか、コロナ禍の生活で今どんなことが起きているのか、コロナ禍の生活に人々はどう向き合おうとしているのか、学ぶとはどういうことか、学校は何のためにあるのか、そして、どんな人になってほしいのか等、五回にわたって連載しました。自由に会えないからこそ、教師の思いや溢れる気持ちを伝えたかったのです。

また、学校が再開すると、自分の気持ちを素直に伝えることは、中学生にとっても、この一年の学校生活ではとても大きなテーマでした。マスクで顔の表情がわからない中で、無言給食や無言清掃など、できるだけしゃべらないことが求められる、そんな疑心暗鬼な生活でした。豊かな教育活動が成り立つには、自分の思いや気持ちを伝え、相手の気持ちを理解しようとすることが大前提です。そこで、授業では四人班の話し合い活動（わいわいタイム）や順番制による班代表の発表、問いを追求する授業展開、自分の気持ちを熱く語る時間（人権作文の発表会、「世界の国調べ新聞」発表会、「核兵器廃絶に関する新聞」発表会など）を大切にしました。中学生は真剣に自分の思いを語り、時にユーモアを交えて屈託なく話しました。その和やかで楽しい時間に、教師である私の方が救われました。これら日常の教育活動が生徒同士の信頼関係を作り、教師や学校、授業への安心感を生み出すことにもなったと信じています。

テストの点数を競い合うための、暗記することが強いられる受験予備校のような学校や授業ではなく、仲間と学び合うことに大きな魅力を感じ、「学んでよかった」、「もっと学びたい」と、子どもたちが思えるような授業や学校をつくりたいものです。そのために教師は教材研究をして、教育活動を考えるのです。それは、同時に教師としてのやりがいや喜びでもあるのでしょう。

コロナ禍で先が見えなかったこの年、生徒が当事者の思いを受け止め、あるいは想像を巡らせて状況を考え、そして自分の意見を持ち、仲間と話し合うことができる、そんな教育活動を特に模索したのだと思います。「赤い背中の少年」の谷口稜曄《すみてる》さん（長崎の被爆者、二〇一七年八八歳で亡くなる）の五枚の写真から、谷口さんの歩んだ壮絶な人生を想像し、谷口さんの願いや思いを考えること、田中熙巳《てるみ》さん（長崎で被爆、当時八八歳。日本被団協代表理事）のお話から原爆炸裂時の状況を想像し、その下にいた人々に思いを馳せること、そして私たちに何ができるだろうかと考えること、そんなことが、中学生の学びを深めていくのだと考えたのです。

◈学習の概要

二〇二一年一月二二日は、歴史に刻まれる日となりました。広島と長崎で数十万人の命を一瞬で奪い、八〇年近く経つ今も被爆者を苦しめている核兵器を、国際社会が違法とする「核兵器禁止条約」が発効したからです。核兵器禁止条約を批准する国が五〇か国に達して、二〇一七年に国連で一二二か国の賛成多数で採択されたこの条約の発効要件を満たしたのです。広島と長崎の被爆者はもちろん、アメリカやロシアをはじめとする核保有国の核実験・核開発競争の犠牲となった人々も、どんなにかこの日を待ちわびていたに違いありません。

この記念すべき歴史的な出来事を、中学生と喜び合い、子どもたちの心にいつまでも刻まれるようにしたいと思いました。そこで、中学生が核兵器の廃絶について自分で調べることから始まる、次のような「核兵器廃絶」の学習に取り組んだのです。

①一二月末、「冬休みの宿題」で、今後の学習計画と調べる内容の提示。
②一月、一年生全七クラスで全員の「新聞発表会」を実施（発表原稿を作って行う）。
③二月、五枚のプリントで二時間の社会科・特別授業「核兵器のない世界を！」の実施。
④「核兵器廃絶のために、日本や私たちは何をすればいいいか」の課題レポート作成。
⑤課題レポートを社会（政党、日本被団協(注1)、ICAN(注2)、韓国大使館）に発信。

⑥三月、返信のあった手紙（日本共産党、日本被団協、ＩＣＡＮ）を子どもたちに紹介。
⑦三月中旬、被団協の方々（田中熙巳さん、濵中紀子さん）と対面で講演・交流会の実施。
⑧三月下旬、中学生と「核兵器のない平和な世界を！」のパンフレット（全二六ページ）作成。

中学生が書いた課題のレポート（手紙）や一緒に作った「パンフレット」に載せた中学生の言葉を読み返してみると、生徒がよく学習に取り組み、自分の頭で考えた様子が蘇ります。

（注1）正式名称は、日本原水爆被害者団体協議会。一九五六年に結成されました。日本被団協は、四七都道府県のそれぞれにある被爆者（広島・長崎で原爆の被害を受けた被害者の生存者）の団体の協議会で、被爆者の唯一の全国組織です。内部に中央相談所をもっています。主な活動は、①核兵器廃絶と原爆被害への国家補償要求、②日本政府、国連、諸国政府への要請行動、③核兵器の廃棄、撤去、核兵器廃絶国際条約の締結、国際会議の開催、非核法の制定、原爆被爆者援護法の国家補償の法律への改正、被爆者対策の充実など、④被爆の実相の国内外への普及活動、⑤原爆被害の調査・研究、出版、展示、集会、代表派遣、⑥被爆者の相談・援護活動としています（日本被団協のホームページより）。

（注2）日本語で核兵器廃絶国際キャンペーンと訳されるＩＣＡＮ（International Campaign to

Abolish Nuclear Weapons）は、国連核兵器禁止条約の遵守と実施を推進する非政府組織の連合体です。核兵器の禁止と廃絶という特定の目的を支援するために、世界中の市民社会を動員することに焦点を当てた広範で包括的なキャンペーンです。パートナー組織、国際運営グループ、国際スタッフチームで構成され、本部はスイスのジュネーブにあります。川崎哲《あきら》さんが所属するピースボートは、ＩＣＡＮの国際運営グループのひとつです（ＩＣＡＮのホームページより）。

2 「核兵器廃絶」をテーマにした学習活動

◆自分で調べることから始まる学習

学期中の授業で、たっぷり時間を取ってじっくり調べさせることは、なかなか難しいのです。そこで、長期休業中の社会科の課題としてテーマを決めた調べ学習をおこなってきました。特に、中学一年生の冬休みは、「核兵器廃絶」をテーマにした調べ学習と新聞づくりです。二〇二一年の冬は、一月二二日に核兵器禁止条約の発効が決まっていた（前年の一〇月二四日にホンジュラスが五〇か国目の条約の批准国となり、その九〇日後に条約は発効する）ので、生徒への提起にいつも以上に力が入りました。冬休みの課題を説明する文書に、私は次のように書いています。

「……そして、年が明けた二〇二一年の一月二二日には『核兵器禁止条約』が国際条約として発効します。広島や長崎で何十万人もの人々を殺し、戦後七五年に渡って被爆者を苦しめてきた核兵器を、この地球から無くしていく第一歩を踏み出したのです。今を生きる者として、未来の人々に平和で安全な地球を残していく責任がある者として、私たちはいま何ができるのか考えなければなりません。そして、私たちにもできる行動をとる必要があると思っています。『人は学習してこそ行動できる』、『学習のないところに行動の変化はない』と、常々私は考えています。そこで、冬休みの課題は、『核兵器の廃絶』について調べ学習をすることにします」

学習の主体者は中学生です。教師もそうですが時間的なゆとりさえあれば、自分で調べ考える教材研究ほど楽しいものはありません。中学生にも学ぶことの楽しさを感じてほしい、学ぶことがいかに大切であるか、自ら学ぶという行為を通してつかんでほしい、そして、いつまでも記憶に残してほしいと思いました。

調べ学習を行うには、何をどう調べればいいのかを明らかにすることが大切です。四つか五つの内容に絞ってまとめるようにと、参考例として次の一二項目を生徒に提示しました。

①核兵器の現状（どこの国に、どれくらいの核兵器があるのか）

②核兵器の使用（広島や長崎）や核実験（ビキニ環礁等の太平洋の島々、アメリカやロシアなどの核実験場）による被害（熱線や放射能の被害、後遺症）
③核兵器禁止条約の内容（どんなことが禁止されたのか）
④核兵器禁止条約がつくられるまでの経過（人々はどんな話し合いを続けてきたのか）
⑤核兵器禁止条約を批准した五〇の国々（二〇二四年九月現在で九四か国が署名、七三か国が批准）の考えや思い
⑥被爆者の人たちの思い
⑦核兵器保有国（アメリカ、ロシアなど九か国）の考え
⑧日本やドイツ、韓国など核保有国の「核の傘」（アメリカなどと同盟を結び、その核の威力で守られている）の下にある国々の考え
⑨特に、日本政府の考え（なぜ、核兵器禁止条約を結ばないのか）
⑩核兵器禁止条約を国民はどう思っているのか
⑪核兵器をなくすために行動している人々（ノーベル平和賞を取ったＩＣＡＮ、長崎の高校生平和大使、日本被団協など）
⑫地方議会の取り組み（政府に核兵器禁止条約を結ぶように意見書を提出している地方議会は全一七八八の中で四九九議会もあり、この中に上尾市議会も入っている）

生徒は、自分の関心が高い内容を中心に、インターネットで検索をしてよく調べました。なかには、小学生のころ訪れた広島平和記念資料館の記憶や当時の資料を読み返して新聞にまとめた生徒もいました。翌年に異動先の中学校で再び一年生を担当した際には、信頼できるいくつかのサイト（ながさきの平和→教材「長崎原爆資料館学習ハンドブック、平和発信用ガイドブック、平和ナガサキ」、→調べる「長崎の原爆、体験を読む・聞く」。広島平和記念資料館→目的別利用案内→平和データベース→〔URL〕http://www.pcf.city.hiroshima.jp/database/　→被爆資料、写真、原爆の絵、被爆者証言ビデオなど。日本被団協（日本原水爆被害者団体協議会）→被団協の歴史、原爆と人間展、国会議員へのアンケートなど。核兵器禁止条約の概要～広島市公式ホームページ。国連の核兵器禁止条約。ＮＨＫアーカイブス　戦跡─薄れる記憶→検索「原爆」）も紹介しています。

◆自分で調べることの意義

自分で調べたことは、教えてもらうこと以上に心に残るに違いありません。まとめのレポートに、生徒は次のように書いています。

「原爆の時はどんな様子だったのか、後遺症にはどんなことがあったのか、病気の後遺症だけでなく心の後遺症があることも知りました。核兵器や戦争がとても怖いことだとわかりました」

「核兵器で苦しんでいる人たちが日本や南太平洋の島々の人たちだけでなく、カザフスタン、オーストラリア、アルジェリア、カナダ、アメリカ、コンゴにもいたことを知り、とても驚きました。核兵器はとても危険で反人間的なものであることを世界に発信すればいいと思いました」

「被団協の活動で、被爆者の相談・救護活動が印象に残りました。被爆者のために組織として活動していてすごいと思いました。また、日本政府や国連への要請行動も印象に残りました。日本が国連の会議に出て条約に批准していれば、意見が変わる国もあると思います」

「日本被団協が一九五六年に結成され、世界へのあいさつとして書かれていた『私たちは自らを救うとともに、私たちの体験を通して人類の危機を救おうという決意を誓い合ったのであります』という言葉が、本当に心に残りました。『原爆と人間』や『ＨＩＢＡＫＵＳＨＡ』などのパンフレットを多くの人に知ってもらいたいです」

「核保有国の理由を調べましたが、その理由なら核兵器を使ってもいいと思える理由など一つもありませんでした。どの理由も被爆した方々の苦しみとは全く釣り合っていませんでした。核兵器のせいで国が大金を支出して、国民の安全を弱めているようにも感じました」

「どうして日本は核兵器禁止条約に参加しないのだろうと思い、調べました。それは、核保有国が同盟国に核兵器の抑止力を提供し安全を保障するという、アメリカの『核の傘』のもとにあるからと、わかりました。しかし私は、被爆者の人たちが待ちに待った核兵器禁止条約が発効された今、日本がするべきことは『核の傘』から抜け出して、いち早く被爆者たちの思いに応えることだと思います」

「核兵器をなくすために行動している人々について、すごく興味を持ちました。核兵器禁止条約が発効されたのは、この人たちの努力があったからなのだと確信しました。しかし、日本など核依存国が批准していないのは非常に残念です。核依存国が批准したくてもできない状況なら、この状況を変えられるのは日本しかありません」

「核兵器をなくすことについて、私にできることなんてあるのかなと思っていましたが、ピースボートの折り鶴プロジェクトで証言活動をしている被爆者の方にお話を聞いて核兵器について知ることや、ＮＧＯのボランティア活動に参加することから始められると思いました」

「核兵器」のような大きなテーマを授業で取り上げた場合は、時間的な制約から多方面の内容を組み込むことは難しいですが、調べ学習では、生徒は様々な面からアプローチしていました。「被爆者の心の後遺症」や「核実験場となった人々の被曝」、「被団協の活動」、「核保有国の言い分」、「ＩＣＡＮやＮＧＯ、平和首長会議(注)の活動」など、自分の疑問や関心を基によく調べました。自分で調べた事だからその時初めて知った事実は驚きに変わり、そこから疑問や意見が生まれてくるのでしょう。また、「知ることが大切だ」として、次のように書いた生徒もいました。

「核兵器について知ることが一番だと思いました。核兵器は難しいことや痛々しい写真が多いことから私も自分から調べたことはありませんでした。だから、もっと小中学校の授業で取り入

国の足を止める核兵器

①核兵器保有国・保有数

国	核兵器数
アメリカ	5,550
ロシア	6,255
イギリス	225
フランス	290
中国	350
インド	156
パキスタン	165
イスラエル	90
北朝鮮	40〜50
合計	13,080

②核兵器禁止条約

核兵器禁止条約は、核兵器の使用、使用するとの威嚇、開発、実験、生産、製造、取得、保有または貯蔵を禁止する。

③誤った盾「核の傘」に守られる国々

核保有国による「核の傘」に守られている非核保有国は、同盟国である核保有国の核によって他国の核使用を躊躇させる「核抑止論」で国の安全を保障している。核の保有や使用自体を禁ずる条約に承認すれば、自ら核抑止力を放棄することになり、国の安全が保障されない。このことから国々は「核の傘」に守られ続けている。

④日本と禁止条約

日本も、同盟国アメリカの「核の傘」の下にいる。その傘から出て条約に参加しても、他国と同様、安全保障はどうするのか？という疑問が出てくる。日本の平和について、原爆の悲惨さだけ知って終わりにすれば、被害の側面が強調され、「核兵器は廃絶した方がいい」と思うようになる。アメリカでは、「原爆投下は正しかったかどうか」を議論すると言われている。「原爆投下は戦争を終わらせる為に必要だった」という主張や、「必要なかった」と言う人もいる。アメリカは日本とはまた違う視点から核を見る議論だ。

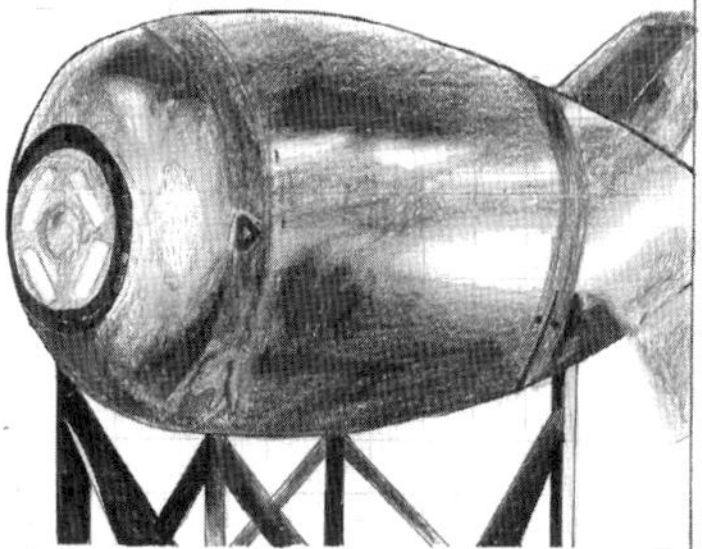

〈自分の考え〉

日本に原爆が落とされ、現在核兵器廃絶に向かって人々が行動している。しかし核保有国は核を持ち続け非核保有国は核の傘に守られ続けている。そこで大切なのは核の数ではなく、核保有国の考え方、世界の常識、非核保有国が核がなくなっても安全なことだと思った。核兵器で国を守っているのは決して正しいとは言えず、むしろ核は一瞬で人々の命を奪う危険な物で、原爆を落とされた日本が一番分かっているはずだ。非核保有国だけではなく、核保有国も核は必要ないと言える状況に変えなければいけないと考えた。一人一人がこの問題を深く知ることが大切だ。

22万人の命を奪った原子爆弾

悲惨な核兵器 ～廃絶させるために～

発行者

75年前に起きた悲劇

1945年8月6日、ヒロシマ 1945年8月9日、ナガサキに原子爆弾がアメリカによって投下されました。ヒロシマでは14万人、ナガサキでは7万4000人の人が亡くなりました。

←1945年当時の写真(広島)↓

〈被爆者を苦しめた物〉

原子爆弾が落ちた直後、人々に4000度の熱線と風速500mの爆風が襲い掛かりました。体の一部が飛んでいったり、全身に大やけどをおったり、中には、体が燃えて炭になったり、体が粉々になってしまう人もいました。また、放射線により、戦後ガンに多くの人が苦しめられました。さらには、被爆者を嫌がる人がいて、イジメ、

となり精神にも大きなダメージをあたえました。

〈被爆者の強い思い〉

これは、当時12歳だった被爆者の一人の思いです。「一発の原爆が幸いにも生き残った私たちに、さまざまな苦しみと不安を与え続けました。青春もありませんでした。結婚にも反対され、子宝にも恵まれませんでした。地球上から核兵器がなくなって欲しい」と、心から願ってます」

核兵器の現状

この表を見ると、現在核兵器は減少けいこうにありますが、世界には、一瞬で何十万人も殺してしまう爆弾が、約10000個もあることがわかります。それは、つまり、今、本気で戦争をすれば十億人の命がなくなるということです。今後核で一人も死なないために全ての国が、一丸となって、核をなくさなければいけません。

世界の努力と新たな開発(核の)

年	できごと
1945	アメリカが広島と長崎に原爆投下
1949	ソ連が原爆の実験に成功
1952	イギリスが原爆の実験に成功
1954	アメリカがビキニ環礁で水爆実験を行う❶
1960	フランスが原爆の実験に成功
1963	部分的核実験禁止条約(PTBT)調印❷
1964	中国が原爆の実験に成功
1968	核兵器拡散防止条約(NPT)調印❸
1969	戦略兵器制限交渉(SALT)開始❹
1974	インドが原爆の実験に成功
1987	中距離核戦力全廃条約(INF)調印❺
1996	包括的核実験禁止条約(CTBT)調印❻
1998	パキスタンが原爆の実験に成功
2006	北朝鮮が地下核実験を行ったと発表
2017	国連で核兵器禁止条約が122か国の賛成で採択❼ 北朝鮮が4度目の核実験を行う

↑原爆弾投下後の世界の出来事の年表

1963年以こう、アメリカやロシア(ソ連)などを中心に核兵器をなくす取り組みが行なわれてきました。努力のすえ、2017年には122ヶ国で核兵器禁止条約が執行されました。122ヶ国が、核兵器と関わることがなくなったのです。また、日本では、独自に「非核3原則」というルールが作られています。

しかし、このような努力がある反面、1部の国では、他国の声をいっさい聞かずに、核を作り続けてます。これは決して、あってはいけないことです。

核は、世界全ての国が無くさないと、一向に消えません。世界全体で協力し核をなくしていきましょう。

編集後記

僕は核兵器について調べて、核は、絶対に無くさなくては、いけないと思いました。そして現在も、日本人全員殺せてしまう以上の核があることが分かりました。核を無くすためには、世界全体での協力が必ず必要です。しかし、僕たちの手で直接世界を変えることはできません。僕たちに出来ることは、この核のつらさを一人でも多くの人に伝えて、「核を無くそう」という気持ちを忘れさせないことです。

れ、自分たちで調べたり詳しい人から話を聞いたりする機会が必要だと思いました」
「私たちの中学一年生が核兵器について調べ新聞にしたように、多くの子どもたちが核兵器について学んで知るべきだと思います。核兵器禁止条約が一月に発効しました。子どもたちにも核兵器について深く知ってもらいたいです」

「核兵器廃絶」をテーマにした調べ学習に多くの学校が取り組んでほしいと、私も願います。

（注）一九八二年、荒木武 広島市長（当時）は、米国・ニューヨーク市の国連本部で開催された第二回国連軍縮特別総会で、世界の都市に「国境を越えて連帯し、共に核兵器廃絶への道を切り開こう」と呼び掛け、また、広島・長崎両市は、この呼び掛けに賛同する都市（自治体）で構成する機構として、世界平和連帯都市市長会議（現・平和首長会議）を設立。二〇〇一年、「世界平和連帯都市市長会議」から「平和市長会議」に、二〇一三年に「平和首長会議」に名称変更しました。目的は、加盟都市相互の緊密な連帯を通じて核兵器廃絶の市民意識を国際的な規模で喚起するとともに、人類の共存を脅かす飢餓・貧困等の諸問題の解消さらには難民問題、人権問題の解決及び環境保護のために努力し、世界恒久平和の実現に寄与することとしています（平和首長会議のホームページより）。

◆二時間の社会科・特別授業「核兵器のない世界を！」

生徒の調べ学習と、その発表会。それを受けて、二時間の特別授業を行いました。学習で大切なことは、「どう学ぶか」より「何を学ぶか」だと思っています。今はＩＣＴの活用に注目が集まり、ＩＣＴを使って子どもに「どう学ばせるか」を研究する傾向が強いですが、学ぶ内容をおろそかにしてはいけません。その学習で中学生に「何を学んでほしい」のか、「どんな学習課題を考えさせたい」のか、そのために「ＩＣＴをどう活用する」のかという学習の主従を明確にする必要があります。しっかり教材研究を重ねた教師自身による学習指導が大切です。

今回は、川田忠明『市民とジェンダーの核軍縮』（新日本出版社、二〇二〇年）、川﨑哲『核兵器を禁止する』（岩波書店、二〇一八年）の二冊を読み、これまでに集めた「核廃絶に関する」新聞記事を整理して五枚の学習プリント（Ｂ４サイズ）を用意し、二時間の授業を行いました。授業の構成と内容の概略は以下の通りです。

①「核兵器は、本当に国を守ってくれるか。コロナで多くの人が亡くなり、兵器関連支出が医療に回っていたら、助かる命もあったのではないか」というイギリスの青年の言葉を紹介し、「どう思いますか」と問う。

②核兵器使用と開発・実験の歴史を、核兵器五大国について説明。「三・一ブラボー水爆実験」

でのロンゲラップ島住民の証言を紹介。
③恐ろしい兵器の制限・禁止として、世界が細菌兵器や毒ガス、地雷、クラスター爆弾等の大量破壊兵器を国際条約で禁止してきたことを提示し、そして今、核兵器も禁止に、と紹介。
④「今世界をリードしているのは五大国か、非同盟諸国か、市民（NGO）か」との問題提起で、非同盟諸国の躍進や国連主催の世界会議（一九九二年の地球サミット〜二〇一五年の持続可能な開発サミット）に大勢の市民が参加していることを紹介。「なぜか？」と問う。
⑤核兵器禁止条約が採択されるまでの経緯を提示。一九八二年の国連軍縮特別総会で被爆者として初めて演説した山口仙二さんの演説、二〇一〇年のNPT再検討会議での谷口稜曄《すみてる》さんの演説、二〇一五年からの「核兵器のない世界」のための国連作業部会の経緯、二〇一七年三月からの「核兵器禁止条約」の採択に向けた国連会議の様子を国名を挙げて紹介。
⑥核兵器禁止条約の内容と二〇一七年七月七日の条約採択の様子（一二二か国の賛成、日本は不参加）の紹介。「このようにして採択された条約について、どう感じたか」の意見交流。
⑦「私たちは、核兵器廃絶のために何をすればいいのだろう」と、課題提示。「核抑止力」や「核の傘」について説明した後、被爆者・田中熙巳さんとサーロー節子さんの言葉を紹介。
⑧「あなたは、核兵器廃絶のために、日本や私たちは何をすればいいと考えますか」というレポートの課題を示し、そのレポートは、A・レポートとしてのみ提出、B・社会の人（被団協、ICANの川崎哲さん、韓国大使館、自民党・公明党・立憲民主党・日本共産党などの政党）

に発信するレポートとして提出の二択を提示しました。多くの生徒がＢを選び、特に被爆者の組織である被団協と政党への手紙を書いています。

◆中学生が手紙に書いたこと

学習を通して中学生はどんなことを書いて社会に発信したのか、紹介します（一部抜粋）。

「政党の皆様へ。僕たちは授業で『核兵器』について学びました。核兵器による被害、保有国が核兵器を手放さない理由などを調べました。確かに、日本は核の傘で守られています。そこで、核兵器禁止条約に参加していません。けれど、本当に核をなくしたい、平和な世の中を築きたいと思うなら、もう一度考えてほしいです。多くの被爆者は、今も各国に手紙を送るなどして核兵器廃絶を訴えています。市町村や県議会でも抗議文を送ったり、国際会議に参加したりしています。それなのに、日本の政府はアメリカにずっと頼ってばかりです。僕たちは、もう核とは手を切らなければいけません。二度も被爆し、さらにアメリカの核の傘にいるからこそ、世界の先頭に立って核反対を強く叫ぶべきではありませんか」

「政党の皆様へ。核兵器について調べ、核兵器がどんなに恐ろしいか知りました。核廃絶のため行動している人たちや、被爆者の方々、そして私たちも心から核兵器がなくなること、『核兵器のない世界』を祈っています。どんなことがあろうとも、核兵器を使っては絶対にいけないと思います。広島・長崎で起きたことが二度と起こらないように、核兵器禁止条約を結んでほしいです。見て見ぬふりをせずに国民の願いを聞いてください。核兵器がどんなに恐ろしいか身をもって知っている日本国民だからこそ、声を上げていってほしいです」

「政党の皆様へ。僕は核兵器についての授業を重ねるごとに、一つの疑問を持ちました。それは、『日本はなぜ核兵器禁止条約に批准しないのか』です。核の傘に守られていることは知っています。ですが、日本では戦争中に核兵器で数十万人の人々が亡くなっています。日本が条約に批准すれば、それがきっかけになりいくつもの国々が批准すると思います。核に守られている安全より、核が無くなったときの方が安全性も増します。僕は、この手紙を少しでも多くの方に読んでもらいたいです」

「政党の皆様へ。アメリカが核を保有し、日本はその核の傘に入っています。どうにかその傘から抜け出して、世界に核の恐ろしさを発信していかなければいけないのではないでしょうか。国民の七〇%以上が、核兵器禁止条約に署名してほしいと思っています。私を含む全国の中学生も同じように思っているでしょう。未来を変えるために、私たちの希望を叶えてください」

「政党の皆様へ。私が不思議に思うのは、日本は唯一の戦争被爆国なのに条約に加盟していないことです。被爆した国が加盟し、世界に核兵器の恐ろしさを知らせるべきではないでしょうか。核兵器はこの世に必要なのですか。コロナウイルスを収束させることにお金を使い、少しでも早く明るい世の中にしてほしいです。私たち中学生は、みんな心からそう願っています」

「被団協の皆様へ。核兵器の恐ろしさをあらためて知りました。そして、核兵器の影響を受けた人が日本だけでなく世界中にいることも知りました。また、世界の軍事費が二〇〇兆円もあることに驚きました。この二〇〇兆円を軍事費ではなく世界の平和のために使えば、世界はもっとよくなると思います。皆さんの活動はとても素晴らしいと思います。自分の体験を世界に発信し、核兵器の廃絶を呼びかけている皆さんは凄いと思います。皆さんの言葉はたくさんの人々の心に響く言葉です。核兵器禁止条約は、被団協の皆さんをはじめ核兵器廃絶に向けて活動している方々の想いや努力が形になったものだと思いました」

「被団協の皆様へ。私が印象に残ったことは二つあります。一つは、一九八二年に山口仙二さんが被爆者として初めて演説した『命がある限り私は訴え続けます』という言葉で、もう一つは、谷口稜曄さんの『生きるとは苦しみに耐えることに他なりませんでした』という一言です。私は、『生きる』という覚悟を感じました。そして、苦しみに耐えた先に喜びや幸せを感じる瞬間があってほしいと思います」

「被団協の皆様へ。本を読んだりネットで調べたりして目にした内容は、私の想像よりもはるかに悲惨な内容でした。その状況で今なお同じ過ちを繰り返させないようにと活動している被爆者の皆さんのことも知りました。核兵器禁止条約に五〇の国と地域が批准して条約発効にこぎつけたことは、皆さんの努力の賜物であると思います。被爆者の方の『私たちは微力ではあるが無力ではない』という言葉は、すごく印象に残りました」

「被団協の皆様へ。私たちの学校では、社会科の時間に核兵器禁止条約について学びました。自分で調べた時やみんなの意見を聞いている時に思ったことは、授業で学んだことや考えたことは、願うだけじゃ平和にならないということです。平和を願うのであれば、そのことを訴えなければならないとわかりました。そして、訴える前に何となくではなく、ちゃんとした知識を持っておくと、それを根拠にできると思いました。年々、被爆者の方々は減ってきて、私たちのような何も知らない人が増えています。今回の学習を通して学んだことを後世に伝えるということが、今の私たちにできることだと思いました」

政党に手紙を書くことは、この生徒たちには初めてのことでした。勇気をもって書いたのではないかと思いますが、中学生は真っすぐです。忖度は何もありません。そして、「全国の中学生も同じように思っている」、「私たち中学生は、みんな心からそう願っています」などと、自分が中学生の声を代弁しているかのように、とても大胆で頼もしいです。

「願うだけじゃ平和にならない。そのことを訴えなければならない。そして、訴える前にちゃんとした知識を持っておくと、それを根拠にできる」と書いた生徒は、被爆者の方々の人生を心に刻んだのでしょう。社会は、どう応答してくれるでしょうか。中学生の声は届くのでしょうか。大人社会の包容力に期待しました。

◈「小さくてもたくさん集まれば大きな力になる」そして、「社会は変えられる」

誠実に対応してくれる人たちがいました。こんなやり取りがあれば、中学生も社会を信頼できるようになるのでしょう。また、そこから学習が進展・深化していくこともあり、嬉しいです。

政党からは唯一、日本共産党で平和運動局長をしている川田忠明さんから四枚もの丁寧な返信が送られてきました。川田さんは中学生の手紙を「ここには、未来への希望が見えます」と温かい言葉で評価し、続けて「一人ひとりの行動はどんなに小さくても、ゼロではありません。ゼロはいくつあってもゼロですが、どんなに小さいものでも、たくさん集まれば大きな力になります。そういう人が増えていけば、かならず日本も世界も変わります」と、中学生の心に響くメッセージを書いてくれました。川田さんとは、この後再び中学生が手紙を送り、気持ちを伝えました。

また、ＩＣＡＮの川崎哲さんは、『「核兵器をなくそう！』と考えた多くの普通の人たちの集まりである」ＩＣＡＮが、「さまざまな活動を重ねた結果、核兵器禁止条約が成立しました。その経験から皆さんに知ってほしいのは、社会は変えられるということです」と語りかけ、「人間には知性と理性がありますから、社会をどんどん良くしていくことができます。だから、核兵器もなくせますし、戦争のない平和な社会を作ることも可能です」と、中学生に未来への希望を示してくれました。お二人からの返信を、生徒はとても喜んでいました。それは、中学生が「自分たちの声を聞いてくれる大人や社会がある」、だから、「自分の声を発信することは大切だ」、それらの声が集まれば「社会を変えることができる」と、希望を持つことができたからではないでしょうか。

そして、被団協からは、生徒が作った新聞や手紙に「大変な力作ばかりで、感動しております」と感想が述べられ、「このような膨大な、そして力と心のこもった作品を深く読み込んでのお返事はうかつに書けるものではなく、むしろお会いして交流できれば、と考えました」との申し出がありました。そこで、日本被団協の代表委員を務める田中熙巳さんと濵中紀子さんが直接中学校へ来校し、お話をしてくれることになったのです。

◈被爆者、田中熙巳さんのお話を聞いて

九〇歳に近いとはとても思えないほど、田中さんはしっかりとした口調で話をされていました。国民学校時代のことから戦争中の社会の様子を伝え、それからご自身の被爆体験を具体的に話されました。また、被団協の濵中紀子さんがアメリカの高校生と原爆の授業をどのようにしたか、海外での核兵器に関する講演や交流について語りました。お二人の話を伺って、中学生はどんなことが記憶に残り、何を考えたでしょうか（一部抜粋）。

「お二人の話を聞いて、自分で調べても知らなかったことが多くあり驚きました。田中さんの原爆投下直後のお話では、『目の前が白くなったり、青、黄、赤と色が変わったりして、経験した

ことのない衝撃を受けた』と聞き、たくさんの命を奪った核兵器は本当に恐ろしいと感じました。また、放射能は七五年経った今も細胞やＤＮＡを破壊し、人々を苦しめています。核兵器をなくす署名活動をされている人々は、亡くなった人々の思いを背負って頑張っていて、すごいです」

「自分でも調べましたが、実際にお話を聞くと頭と心に深く残り、『核兵器をこの世からなくしていきたい』と強く思いました。原爆による被害は言葉では言い表せないほどで、爆風で目が飛び出し、鼓膜が破れる。熱線で大やけどを負ってしまう。放射能を浴びればずっと体の中で放射線が悪さをし続ける。これを聞いて、頭の中が真っ白になりました。被爆者の方から直接話を伺える最後の世代として、後世にこのことを伝えていきたいと思いました」

「被爆者の方から直接話を聞ける機会をいただき、とても勉強になりました。当時は私と同じくらいの子どもが、勉強もせずに運動場を耕し食料を作っていたことにとても驚きました。原爆投下時に炎は赤かったと想像していましたが、本当は白や青で、その後に爆風や熱線、放射能などの被害を受けたことを知りました。戦後も苦しい思いをしてきた被爆者の方々が核兵器をなくす署名に取り組み、核兵器禁止条約ができたことがどれだけ大切かわかりました」

「被爆者の方から直接話を伺い、『あの日からあまり時がたっていない』、そう言われているような気持ちになり、他人事のように思ってはいけないと思いました。祖父からよく戦争の話を聞きましたが、お二人の話から空襲や家族のこと、当時の様子が思い出されました。あたり前があたり前でなかった当時の悲しい過去を忘れてはいけない。自分たちが動かなければ未来を変えることはできません。よく考え行動して、戦争のない世の中が続く未来にしたいと思います」

「田中さんは今の私と同じ年齢で被爆し、大人と混ざって仕事をしたという話を聞いて、胸が苦しくなりました。田中さんの『亡くなった同じ年の中学生のためにも頑張りたい』という気持ちが、とても印象に残っています。濱中さんの海外でのお話から、被爆国の日本こそ原爆についてもっと知ることが平和への第一歩になると、改めて思いました。平和な世界に近づくためにも、私も少しずつでも行動していきたいです」

「授業と実際に話を聞くのとでは、言葉の重さが違いました。田中さんのお話からその時の光景が頭に思い浮かびました。私たちにできることは、今回のお話をたくさんの人に伝え、核兵器の怖さについて知ってもらうことです。核の脅威を知る人が増えれば、核廃絶も近くなると思います。核保有国は、核兵器が使われた時の惨状をわかっているのでしょうか。日本は核保有国に圧力をかけ、核兵器禁止条約を共に批准するべきです」

授業とは比べものにならない当事者の言葉の重さ、被爆時の具体的な様子、そして、核兵器をなくすために戦後歩み続ける被爆者の生きざま、これらのことが純粋な中学生の心をとらえ、自分たちも何かしなければならないとの思いを強くさせたのだと思います。

この生徒たちとは異動で三月をもって別れることになったのですが、その後の二年間、生徒が中学校を卒業するまで、私が仲間と取り組んだ駅頭での「核兵器禁止条約への日本政府の参加」

を呼びかける署名活動に、多い時は二〇人もの生徒が参加しました。いつも私のギターに合わせてフルートを演奏してくれた中学生がいました。その生徒は「音楽で平和を訴えることができて、とても嬉しいです」と語り、ご両親公認のもと、たくさんの人が行き交う駅のコンコース広場で堂々とフルートを吹いたのです。宣伝活動に集まった中学生も初めは自分が署名するだけでしたが、ギターとフルートに合わせて「ねがい」や「折り鶴」を歌ったり、時にはマイクを持って訴えたり、署名活動に積極的に参加していきました。中学生がこのような行動に駆り立てられたのは、学習を積み重ね、被爆者の方から直接話を伺い、自分も何かしたいという気持ちを強く持ったからではないでしょうか。「学習すれば行動が変わる」ことを、中学生は証明したのです。

◈パンフ『核兵器のない平和な世界を！　中学生の声を聞いて』の作製

三月上旬、校長から異動を告げられ、四月からこの生徒たちと学習を続けることができなくなりました。教育行政の人事権という権力を、この時ほど恨めしいと感じたことはありません。そこで、生徒たちとこれまでの学習を形に残しておきたいと考えました。「核兵器のない平和な世界を！〜中学生の声を聞いて〜」というパンフレットの作製です。一六人の生徒に、それぞれが冬休みに作成した新聞から内容を一部抜粋して執筆してもらい、その執筆内容に関連する項目に一四一人の生徒の意見を分類して掲載し、二六ページ（＋表裏表紙）の冊子が完成しました。

パンフレットに掲載した項目は、次のようなものです。

（1）核の脅威……………①核兵器とは何か　②恐ろしい核兵器
③広島平和記念資料館の記憶　④核兵器の開発と核実験
（2）核兵器の現状…………①核兵器の保有国　②核の抑止力とは？
③核保有国の言い分　④核保有国の主張に対して
（3）被爆者は訴える………①被団協　②谷口稜曄さん　③田中熙巳さん
④山口仙二さん　⑤サーロー節子さん
（4）立ち上がる市民の力……①ICAN、ピースボート　②平和首長会議や地方議会
（5）核兵器禁止条約の発効……①核兵器禁止条約とは　②何が素晴らしいか

このパンフレットを五〇〇部作り、二五〇部を該当学年の生徒全員に、五〇部を中学校の全教職員に配布しました。残部のうち、一九二部を「核兵器禁止条約」に賛同の意向を示している衆参の全国会議員ひとり一人に、私の手紙を添えて送りました。九名の国会議員が返信をくれました。「たった九名」なのかもしれませんが、「何もしなければ、何も生まれません」。様々な人々が、それぞれの立場から知恵を絞って行動することが大切なのでしょう。私も主権者の一人です。

3　「核兵器の廃絶」に関する授業と学習指導要領（平成二九〈二〇一七〉年告示）

◈学習指導要領から見た「核兵器廃絶」の学習

中学校社会科の学習指導要領では、「グローバル化する国際社会において、人類全体で取り組まなければならない課題、例えば、持続可能な開発目標などに示された課題のうちから」として、地球環境問題や資源・エネルギー問題などが例示されています。そこに、「核兵器の廃絶」を例示しているわけではありません。

では、なぜ「核兵器の廃絶」を取り上げるのでしょうか。

ひとつは、「人類全体で取り組まなければならない課題」を考えるならば、ロシアのウクライナ侵攻に伴うロシア大統領による核の脅しや、ガザでのジェノサイドを繰り広げるイスラエル指導部による核兵器使用の容認などという地球崩壊にもつながりかねない現在の状況にあって、「核兵器廃絶」が「人類全体で取り組まなければならない」喫緊の課題であるからです。

また、二〇一七年の夏、国連で「核兵器禁止条約」が採択され、この年のノーベル平和賞を条約の成立に尽力したＮＧＯのＩＣＡＮが受賞し、世界的にも大きな注目を集めたからです。

さらに、夏休みの課題でひとり一国の「世界の国調べ」をした生徒が、その国についてわかったことや質問したいことを手紙にしてそれぞれの駐日大使館に送ったのですが、その手紙には北朝鮮の核実験やミサイル発射、そのことに強く反発するアメリカなどの反応に関して生徒の不安や心配の声が多く書かれていたからです。核兵器の問題は、「グローバル化する国際社会」に生きる生徒の大きな「問い」になっているのです。この問題から目をそらしておいて、「人類全体で取り組まなければならない課題」を語ることはできないでしょう。

◆社会科の目標や改訂の趣旨にも合致した学習

学習指導要領で地理的分野の柱書として示された目標には、「社会的事象の地理的な見方・考え方を働かせ、課題を追究したり解決したりする活動を通して、広い視野に立ち、グローバル化する国際社会に主体的に生きる平和で民主的な国家及び社会の形成者に必要な公民としての資質・能力の基礎を次のとおり育成することを目指す」とあります。

「どうして?」という問いが学習の動機づけとなって、「課題を追究したり解決したり」したいという生徒の学びを深めていきます。そして、学ぶことで子どもたちが「平和で民主的な主権者に育っていく」ことが大切なのです。だから、「唯一の戦争被爆国である日本が、どうして核兵器禁止条約に賛成しないのだろう」という問いを自分なりに追究し、「どうしたら平和な日本や世界がつくれるだろうか」と様々な立場の人の意見に耳を傾け、仲間と意見を交流し考えを深めていく学習は、社会科の地理的分野の目標に照らしてふさわしいものだと考えます。

また、社会科改訂の基本的な考え方の三点目として、指導要領は「主権者として、持続可能な社会づくりに向かう社会参画意識の涵養やよりよい社会の実現を視野に課題を主体的に解決しようとする態度の育成」を強調しています。そこでは、「選挙権をはじめとする政治に参加する権利を行使する良識ある主権者として、主体的に政治に参加することについての自覚を深めることなど、これからの社会を創り出していく子どもたちが、社会や世界に向き合い関わり合い、自らの人生を切り拓いていくことが強く求められる」とし、さらに、「社会科においては、身近な地域社会から地球規模に至るまでの課題の解決の手がかりを得ることが期待されている」と述べ、「現実の社会的事象を扱うことのできる社会科ならではの主権者」の育成が必要だとしているのです。

つまり、地球を脅かし、人類の生存を危うくする核兵器をどうするかという「地球規模の課題」を突きつける「現実の社会や世界に、子どもたちが向き合い関わり合い」、核兵器の脅威から解放された「よりよい社会の実現」に向け「主体的に解決していこうとする態度」を育てる学習は、「現実の社会的事象を扱う社会科」の主権者教育としてふさわしいものだと言えるでしょう。

最後に、公民的分野の内容になりますが、「私たちと国際社会の諸課題」の項目で、「その際、核兵器などの脅威に触れ、戦争を防止し、世界平和を確立するための熱意と協力の態度を育成するように配慮することとあるのは、核兵器をはじめとする様々な脅威の増大に触れるとともに、ひとたび戦争が起これば それは人類を破滅させる危険があることの現状の理解を基に、日本国民は、憲法の平和主義に基づいて、戦争や地域紛争を防止し平和を確立するために、率先して努めなければならない使命をもっていることについて自覚できるようにすること」と強調しています。

核兵器禁止条約から目をそらさず、このことに真摯に向き合っていくことは、まさに「日本国民が、憲法の平和主義に基づいて、世界の平和を確立するために率先して努めなければならない使命」と言えるのではないでしょうか。

◈「社会科教育の課題」を克服する発展的な取り組み

指導要領ではこれまでの社会科教育の課題として、「主体的に社会の形成に参画しようとする態度や、資料から読み取った情報を基にして社会的事象の特色や意味などについて比較したり関連付けたり多面的・多角的に考察したりして表現する力の育成が不十分」であり、「課題を追究したり解決したりする活動を取り入れた授業が十分に行われていない」ことを挙げています。だから、「社会との関わりを意識して課題を追究したり解決したりする活動を充実し、社会の在り方や人間としての生き方について選択・判断する力、持続可能な社会づくりの観点から地球規模の諸課題や地域課題を解決しようとする態度を育んでいくことが求められる」としているのです。

様々な角度から考察し自分の考えを手紙にまとめる学習は「表現する力の育成」であり、政党に手紙を出す学習は「社会との関わりを意識して課題を追究したり解決したりする活動の充実」にあたります。そして「核兵器の廃絶」に関する手紙は、「持続可能な社会づくりの観点からも地球規模で諸課題を解決しようとする態度を育む」視点からも、ふさわしい内容であることに疑いの余地がありません。

さらに、指導要領が大きく強調している「主体的・対話的で深い学び」の実現については、「対話的な学びについては、例えば実社会で働く人々が連携・協働して社会に見られる課題を解決している姿を調べたり、実社会の人々の話を聞いたりする活動の一層の充実が期待される」とし、そのための教材や教育環境の充実として、「授業において、新聞や公的機関が発行する資料等を一層活用すること」、「教科の内容に関する専門家や関係諸機関等と円滑な連携・協働を図り、社会との関わりを意識して課題を追究したり解決したりする活動を充実させること」、「博物館や資料館、図書館などの公共施設についても引き続き積極的に活用すること」としています。中学生が、「核兵器の廃絶」に関する「専門家や関係諸機関」である政党やＮＧＯに手紙を送り、「社会との関わりを意識」した学習を行うことは、指導要領が期待する「実社会で働く人々が連携・協働して社会に見られる課題を解決している姿を調べたり、実社会の人々の話を聞いたりする活動」そのものではないでしょうか。「核兵器の廃絶」に関するこれまでの学習は、「主体的・対話的で深い学び」の典型を示していると言ってもいいと思うのです。

4 「核兵器をなくして！」の声を学校中に

◈二〇二二年三月、再び被爆者・田中熙巳さんのお話を聞く

二〇二一年四月に異動した中学校でも一年生を担当しました。前年度と同様に「核兵器の廃絶」の学習を、冬休みの課題調べから始めたのです。異動先の中学校は、一学年八クラスという市内最大の大規模校です。社会科は若い同僚と二人で担当しました。この年は、全校で初めての「中学生の模擬投票」に社会科部会を中心に取り組み、また、夏の社会科の課題「大使館への手紙」から駐日アラブ首長国連邦大使の訪問と交流会を持っていました。その若い先生も核兵器の問題に関心を持っており、学生時代にゼミで長崎を訪れフィールドワークをしたことがあると話してくれました。若い世代の教師とも、正面から「核兵器」について話せることは大切だと思います。次世代への継承だけでなく、互いに学び合うことが教育活動を豊かなものにしていくからです。

被団協の田中熙巳さんを中学校にお招きして講演会を実施したのは、三月一日でした。ロシアのウクライナ侵攻が激しさを増し、ロシア大統領による核兵器使用の脅しが人々に核戦争の現実味を不安視させる情勢にありました。田中さんは、親族の遺体を野原で焼いたことや骨を拾った

時に初めて涙したことなどを生々しく語られました。そして、「戦争をしないと決めた憲法九条を、政府に守らせることが大切。いろいろな人の力でロシアに核を使わせないように努力しなければならない」と力を込めました。生徒の、「今の若者にどうしてほしいか」という質問には、「戦争は絶対にしてはいけないという気持ちを持ち続けてほしい。互いに良いところを見つけて話し合いで解決してほしい」と話してくれたのです。日本でも「核の共有を」などといった無責任な議論も出ていたころでしたので、生徒は真剣に耳を傾けていました。

◈高校生が描く「原爆の絵」を校内の大掲示板に掲げる

今回も、生徒の冬休みの課題調べ、新聞の発表会、教師による二時間の「核兵器廃絶」特別授業、全八クラスの廊下に「核兵器廃絶」新聞の掲示と、そこまでは前任校と同様の活動でしたが、今回はコロナ禍で三学期に予定していた楽しい行事が中止になり、田中熙巳さんの講演会までに生徒と活動する時間ができたのです。生徒が核兵器について、「核の抑止力」や「核の傘」という理屈上の言葉での理解を超えて、核の実相、つまり核兵器（原爆）の使用によってそれまで普通に生きていた生身の人間がどんな惨状に変えられてしまうのか、きのこ雲の下で人々や街はどうなっていったのかについて、具体的に、そして視覚的にも伝えたいと考えました。

二時間の社会科・特別授業でも、被爆の実相が伝わるように広島テレビ放送編『いしぶみ　広島二中一年生 全滅の記録』（ポプラ社、一九七〇年）を使用して授業の導入をおこなっていました。

そこで、学年全体で取り組む「平和学習実行委員会」を立ち上げ、被爆の実相を被爆地ではない埼玉の中学生が少しでも理解できるように、広島平和記念資料館から「原爆の絵」の複製を借用し、全校生徒にも見てもらえるよう校内の大掲示板に一か月にわたって展示することにしたのです。実行委員は、お昼の全校放送で次のような呼びかけをおこないました。

「二年生の『平和学習実行委員会』からお知らせします。中央校舎二階・東側の踊り場と、三階の生徒会室付近の廊下に、新しく『原爆の絵』を展示しました。『原爆の絵』は、広島市立基町高校・創造表現コースの高校生たちが、被爆者の記憶に残る当時の光景を聞き取り、一年間かけて被爆者の記憶や思いに寄り添いながら描いたものです。その複製画を広島平和記念資料館からお借りしました。被爆者が高齢化するなか、被爆の実相を絵画として後世に残すこと、そして、絵の制作を通して、高校生が被爆者の思いを受け継ぎ、平和の尊さについて考えることを目的としているそうです。近くを通った際には、ぜひご覧ください。戦争や原爆の恐ろしさを知らない私たちですが、二度とこの悲惨な過ちを繰り返さないためにはどうすればいいか、しっかり事実を学び、考えてみてください」

このような全校放送は初めてでしたが、この放送により核兵器に関する学習を他学年の教師も含めて全校の関心事にすることができました。高校生が描いた「原爆の絵」は、とにかく魂のこもった迫真の絵の数々です。『はだしのゲン』さえ、今の中学生はほとんど読んだことがありません。このような昨今の教育環境で、被爆体験を聞きとった高校生が描く「原爆の絵」は、中学生の心に様々な感情を呼び起こしたことでしょう。被爆の実相を伝える貴重な作品ばかりです。送料の負担だけで貸し出しは無料なので、多くの学校で見てほしいと願います。

この期間は、さながら、校内「ミニ原爆展」のようでした。生徒は、休み時間などに食い入るように見つめていました。「核兵器がどんなに恐ろしいものか世界中の人々に知ってもらうために、『原爆の絵』を世界の人たちに見てほしい」と感想を書いた生徒もいます。他学年の生徒はもちろん、広島平和記念資料館などを訪れたことのない教師からも感嘆の声が上がりました。「こんな迫力のある絵を初めて見ました」、「中学校でも平和学習は大事ですね」、「私たちも勉強しなければと思いました」などと、若い同僚から声をかけられました。高校生が描くこの「原爆の絵」などを使い、どこの中学校でも平和教育を工夫しておこなっていくことが大切でしょう。

◆「核兵器をなくして！」の声を、再び社会に発信

これまでの学習を経て、今回は「中学生の模擬投票」で六つの国政政党から丁寧な回答をもらった経緯もあり、最後は中学生の意見を社会に発信することに力を注ぎました。レポートのテーマは「核兵器廃絶のために日本や私たちは何をすればいいと考えますか」とし、そのレポートは①レポートとしてのみ提出、②社会の人（「被団協」、「アメリカで核兵器廃絶の運動を進めるア

イオワ州デモイン市の市長であるＴ・Ｍ・フランクリン・カウニーさん」、「駐日ドイツ大使館」、「日本の六つの国政政党」）に発信するの二つから選んでもらいました。多くの生徒が②を選びました。

発信先の「Ｔ・Ｍ・フランクリン・カウニーさん」は、アメリカの一四〇〇自治体が参加する全米市長会議の二〇二一年八月の総会で、「アメリカ政府に核兵器禁止条約を歓迎するよう求める決議」を提案した市長です。そして、その決議は採択されたのでした。駐日ドイツ大使館は、ＮＡＴＯに加盟するドイツがアメリカの「核の傘」にありながら、三月に開かれる核兵器禁止条約の締約国（条約を結んだ国々）会議にオブザーバーとして参加しますが、二学期の地理学習で同大使館へ中学生が送った手紙に対する同大使館からの返信を読み、「ドイツの学校ではナチスドイツについて学ぶ機会がたくさんあり、過ちが二度と起こらないよう、ドイツの生徒たちは過去についての知識を身につけ、寛容な社会はどうあるべきか考えている」と理解したので、ドイツの人たちから学べることがあるのではないかと考えたからです。政党は、昨年の「中学生の模擬投票」で、六つの国政政党が中学生の質問に答えてくれました。その中には「核兵器をなくすこと」に関わる質問と回答もあったからです。生徒の多くは、被団協の方々に手紙を書いていますが、少なくない生徒が政党やアメリカの市長・カウニーさんへの手紙を書きました。ここでは、政党とアメリカの市長・カウニーさんに宛てた手紙をいくつか紹介します。

◆中学一年生が書いた、「核兵器をなくして！」の手紙（一部抜粋）

「政党の皆様へ。核兵器について授業でたくさんのことを学び、核の恐ろしさや被爆者の思いを知りました。けれど、学んでいてこのままでいいと感じたことは一度もありませんでした。一番気になったのは、日本が『核の傘』に依存していることです。核の傘に頼らなければ条約に参加することができるし、核保有国の考えも変えることができるかも知れません。核保有国は脅すためで、核戦争をしようとはしていないはずです。それなら、国同士が直接会って話をして、和解することが一番望ましいと思いました。私は幼い頃に、広島の原爆ドームへ行ったことがあります。それまで原爆について全く知りませんでしたが、それから核について考えるようになり、そして怖くなりました。直接被爆地へ行くことで、大きく心を動かされると思います。直接会って心に感じさせることができれば、核廃絶につながるのではと思います」

「政党の皆様へ。『核兵器の廃絶』について学んで、日本はなぜ核兵器禁止条約に参加していないのか疑問に思ったので、この手紙を書きました。日本はアメリカの核の傘にいますが、唯一の戦争被爆国です。この条約に一番参加しなければならない国だと思います。まず、核抑止力などの核について間違った知識があることが、核がなくならない一番の原因だと考えます。その考えを根本的に正さなければ、核のない世界が来ることはないと思います。また、核についての正しい知識や体験を伝えようとしている被団協の皆さんが世界に声を届けていますが、『日本は条約に参加していないから』という理由で説得力がなくなってしまい、核保有国は考えを変えないのかも知れません。日本もドイツのように、せめてオブザーバーとして会議に参加できないのでしょうか。それだけでも、この国は大きく変わると思います。私が最も言いたいことは、『核兵器が世界からなくなってほしい、そのために、日本も条約に参加してほしい』ということです」

「こんにちは。授業を通して核兵器について考えたことを、政党の皆様への手紙にしました。まず、国民の私たちに何ができるのか。それは、核兵器の問題から目をそらさずに声を出し続けることだと思います。ひとりでも多くの人がこの問題について理解を深め、現状を知ってほしいです。次に、日本にできることは、核の傘から出ることです。核の傘から出るのは国の危険につながるかも知れないし、難しいことかもしれません。しかし、核兵器の存在が一番危険だと思います。原爆の恐ろしさを一番理解している日本が行動を起こさなければ、何も変わりません。それは、人類の絶滅を意味します。私たちは、一秒でも早くこの問題と真剣に向き合う必要があります。政党の皆さんは、どんな行動を起こしますか。何ができますか。核兵器廃絶について、もう一度意見が聞きたいです。世界はもちろん、日本がより良い国になるよう、さまざまな視点で物事を考えようと思ったからです」

「カウニー市長へ。私は、『日本に原爆を落としたのは正しかった』と教育しているアメリカに対して、ひどいと思っていました。でも、アメリカでも核兵器の廃絶に向けて活動している方々がいることがわかりました。私は、今回核兵器について調べて、核兵器がこの世界から無くなってほしいと心から思いました。同時に、核兵器のない世界をつくることの難しさも知りました。被爆国である日本の私にも、何かできることがあると思いました。まずは、核兵器についてよく知ることです。核兵器の恐ろしさや現状、核保有国の考えについても、もっと詳しくなりたいです。そして、それを周りの人に広めていきたいです。大人になったら、核兵器の廃絶に向けて行動してくれる政党に選挙で投票したり、核廃絶を求める署名に参加したりしたいです。核兵器廃絶のために頑張っている人たちの思いが、もっと世界に広まってほしいです」

「カウニー市長へ。カウニーさんの意見を読んでとても共感できるところがあったので、この手紙を書くことにしました。まず、『核兵器に使う膨大な費用を、再生可能エネルギーの取り組みに使うべき』ということについてです。私もこの意見に賛成です。世界では、核兵器関連だけで七兆八八〇〇億円もの大金が使われており、そのお金で世界の様々な課題を解決することができるはずです。世界には核兵器よりも価値があるものがたくさんあることを、核保有国や核の傘の下にいる国々は知らなくてはなりません。そして、そのことを知ってもらうために、被爆者はもちろんのこと、核兵器廃止を望む人々みんながその想いを伝えていかなければならないと、私は思います。人々の生きる気力、希望、夢、すべてを奪い去っていく核兵器。この世にあってはならない核兵器。核兵器はこの世に存在してはいけないものです。私はそう思います。カウニーさん、あなたの活動は大変素晴らしいものであり、これからのご活躍を応援しています」

「カウニー市長へ。調べて思ったことが二つあります。ひとつは、『核抑止力』という考え方は間違っているということです。『核兵器があるから核戦争が起きない』という考えを変えなければ、いつまでも核兵器はなくならないと思います。だから、『核兵器をつくらなければ核戦争は起きない』という考えに変えるといいと思いました。また、核兵器は作っていることで被害が出ているし、核実験を行うと植物や生物にも被害が出てしまいます。もちろん、人間にも被害が出ます。地球や人類のためにも、核兵器はなくさなければならないと思います。ふたつ目は、『核の傘』にいる国をなくさなければならないと思います。『核の傘』にいれば安全という考えを改めなければなりません。そのためには、どんなことより話し合いが大切だと思います。今は、国同士の言語の壁がなくなっているので、しっかり話し合えば解決できることもあると思いました」

今回は、三つの政党（公明党国会議員、立憲民主党、日本共産党）から返事が来ました。ドイツ大使館やカウニー市長には英語科の力も借りて翻訳し送付したのですが、返事は来ませんでした。アメリカまで手紙を国際便で送ったのですが、もっといい方法があったかも知れません。

◈「子どもの権利条約」と「こども基本法」における「子どもの意見表明権」

一九八九年、国連は「子どもの権利条約」を採択。日本も一九九四年、条約を批准しました。「子どもの権利条約」は大きく四つの権利、すなわち「生きる権利」、「育つ権利」、「守られる権利」、そして「参加する権利」に分類されます。このうちの「参加する権利」について、「子どもの権利条約」第一二条の第一項では、「締約国は、自己の意見を形成する能力のある児童がその児童に影響を及すすべての事項について自由に自己の意見を表明する権利を確保する」と、子どもの意見表明権の保障を謳っています。つまり、「子どもに影響を及ぼすすべての事項」、例えば、温暖化などの環境問題や戦争や紛争による被害のこと、選挙の不正や税金の無駄遣い等の政治のあり方などについて、子どもが自分の思いを伝え、意見を表明する権利（参加する権利）が保障されているのです。これらの理念を実現するよう、遅ればせながら日本でもようやく二〇二二年の国会で「こども基本法」が制定されました。その第三条の第三号には、「全てのこどもについて、その年齢及び発達の程度に応じて、自己に直接関係する全ての事項に関して意見を表明する機会及び多様な社会的活動に参画する機会が確保されること」と規定されています。この法律が絵に描いた餅で終わることがないように、子どもに関わるすべての機関や人々がその実現のため環境を整え行動を起こしていくことが必要ではないでしょうか。

ウクライナやガザで最も悲劇的な出来事は、守られなければならない無垢の人々、特に無抵抗で弱い存在である子どもたちへの卑劣な蛮行です。そこには、「子どもの権利条約」が掲げる「生きる権利」も「育つ権利」も「守られる権利」もありません。ひとたび戦争が始まってしまえば、そこにはどんな人間への権利保障もないのです。中学生が「核兵器をなくして」、「戦争のない社会を」、「武力ではなく話し合いで解決を」と求めることは、自分の将来に対する最も切実な思いの表明に他なりません。これらの声を無視するような社会に、希望を見出すことはできないのです。平和を求める「子どもの声」に真摯に向き合うことは、私たち大人の責任であり、そうすることが幸福な未来を残すことにつながるのだと確信しています。

第3章

現地の声を聞く「沖縄学習」

1 沖縄への思いから

◈それはリフレッシュ休暇から始まった

二〇一五年一二月、中学校の教員となり学校現場で働いて三〇年を迎えました。埼玉県教職員組合の地道な交渉の積み重ねで、三〇年勤続のリフレッシュ休暇が五日取れることになりました。「これまで本当にお疲れさま。休暇は権利なのだから、あとは私たちに任せてください」という職場の仲間の声に押され、思い切って沖縄五日間（土日も含め）の一人旅に出かけることにしたのです。家族旅行を除くと、本格的な初めての沖縄フィールドワークでした。そして、この五日間が私の沖縄へのこだわりをつくり、中学生と学ぶ沖縄学習の原点にもなったのです。休暇後すぐに、私は沖縄で感じた思いを誰かに伝えたくなり、次のような組合通信を書いていました。

「この過酷な教育現場で三〇年、よく働いたものだ。自分に褒美をあげてもいいのでは、と思った。リフレッシュ休暇を取って、沖縄を訪れた。南部・ひめゆり最期の地、荒崎海岸から北部・やんばるの地、東村高江まで、途切れることなく米軍基地が続いている。国道五八号線を、基地のフェンスを横に見ながら車を走らせた。基地に押しつぶされるように、ウチナンチュー、沖縄の人々の暮らしがある。

沖縄戦で米軍が最初に上陸した読谷村には、四〇のガマがあるそうだ。チビチリガマに初めて入った。ガマへ逃げた一四〇人のうち、八〇人が亡くなった強制集団死の場所である。『お母さんの手で殺して』と言われ、娘に手をかけた母親。それから次々に……。地獄のような惨状だったろう。だから、生き延びることができた人たちも四〇年近く口を閉ざしたままだった。どのような思いで戦後を生きてこられたのだろうか。

しかし、戦後も平和な沖縄ではなかった。沖縄を歩き、目で見て耳で聞いて肌で感じたことは、沖縄は今も戦場《いくさば》にあるということだ。広大な米軍基地が居座り、戦闘機が爆音をまき散らし、米兵による犯罪や事故が後をたたない。人々の圧倒的な声・願いを無視し、サンゴの海を潰して辺野古に巨大な新基地を作ろうとする政府の暴力に、座り込みという非暴力の、しかしひとつ間違えば命の危険もある闘いをしている沖縄が、戦場でなくて何であろうか。

キャンプ・シュワブのゲート前に連なるテント。一〇〇人以上が集まっていた。基地のフェンスには、人々の思いを文字にした色とりどりの垂れ幕がところ狭しと並んでいた。音楽に合わせゲート前でデモ行進する人々。悪名高い鉄板が敷き詰められた工事車両専用ゲート前に居並ぶ屈強な警備員たちに、気軽に話しかけるおじい。陽気で親しみやすく、優しい表情の沖縄の人々。

沖縄で四〇年近く小学校の教員をしていたという七三歳の男性に声をかけられた。

『今日も朝の座り込みで、一人のおじいが機動隊に引き抜かれる時にケガをして病院に運ばれた。私もあちこちあざだらけだ。私たちは、工事車両を通さないために毎朝六時からゲート前で座り込みをしています。ここに基地を作らせるわけにはいきません。今の米軍基地だって沖縄が自ら土地を提供したことは一度もない。米軍が銃剣とブルドーザーで土地を奪ったのです。今度はこの辺野古に日本政府が、きれいな海を潰し、二〇〇年も続く基地を造ろうとしている。私たちは、絶対にあきらめない。どうかここで見たことを、本土の人たちに伝えてください』

日本の平和は米軍の抑止力のおかげとうそぶき、いつまでも沖縄に基地を押しつけ、本土に住む私たちだけが安穏と暮らすわけには、もういかない。憲法九条のある国で、辺野古を、沖縄を戦場にしているのは、他ならぬ私たちの政府だからである。伊江島の『ヌチドゥタカラの家』に掲げてあった次の言葉をかみしめたい。

『戦争の最大の友は無関心である。平和の最大の敵は無関心である』」

あれから一〇年近く経ちましたが、沖縄の現状は変わったのでしょうか。いや、むしろ酷さを増しているのではないでしょうか。民意や地方自治を無視した国家の強権政治、敵基地攻撃能力の強化を見せつける自衛隊攻撃力の増強。沖縄を差別し犠牲にしてもかまわないとする政治が、ますます露骨になっています。この現実を前に、沈黙しているわけにはいきません。未来をつくる主権者となる中学生と、この問題に向き合いたいと考えました。

◈生徒と沖縄をつなぐ

沖縄学習では、ほぼ決まってドラマ「さとうきび畑の唄」（二〇〇三年制作）を視聴し、沖縄戦について生徒と考えてきました。明石家さんま、仲間由紀恵、黒木瞳、上戸彩など著名な俳優陣が演じるこのドラマは、沖縄戦の実相に迫り、子どもや女性を含む県民すべてがどのように戦争に巻き込まれ過酷な日々に追いやられたのかを描いています。同時に、その残酷な戦争にあっても自分の良心を大切にして生きることや、命の大切さ、平和の尊さについて考えさせてくれます。二時間を超える大作なので、社会科や学活、総合の時間などをうまく組み合わせて視聴してきました。余裕がある時には、学級で話し合う時間を取ることもありました。

二〇一八年も六月に中学二年生とこのドラマを視聴したのですが、この時はさらに続きがありました。それは、沖縄「慰霊の日」（六月二三日）に開催される式典で沖縄の中学三年生が詠んだ自作の詩「生きる」を聞き、私が心を大きく揺さぶられたことが始まりです。担任するほぼ同世代の生徒にも、何かを感じてほしいと思いました。そこで、道徳の時間にこの詩を読み合い、感想を出し合ったり、作者の思いを読み取ったり、私たちにできることは何かを話し合ったりしました。生徒は、次のような感想を出し合いました。

「戦争の恐ろしさと、今生きていることの素晴らしさを感じさせられる詩でした。また、今まで小鳥のさえずりや三線のきれいな音が響いていたのに、一瞬でそれらが恐怖の音に変わったという部分が、より戦争の恐ろしさを伝えていると感じました」

「この詩の中で、『今を一緒に生きているのだ。……平和とは、あたり前に生きること。その命を精一杯輝かせて生きることだということを』の部分がとても心に響きました。そして『戦力という愚かな力で得られる平和などない』というところに共感しました」

「同じ中学生なのに、沖縄への思いを難しい言葉も使って表していて、すごいと思いました。沖縄の深くて悲しい歴史と、未来への希望を伝えていると思いました」

「沖縄の人の中には戦争のつらさをしっかり学んで声をあげている人がいるのに、政府や本土の人は何もしないのだなと思いました」

「戦争の無意味さがよく伝わりました。戦争なんかじゃ平和は生まれない。沖縄の中学三年生が声をあげているのに、また同じことを繰り返そうとする国は、平和という名を偽った兵器ではないかと思いました」

沖縄の中学三年生、相良倫子《さがらりんこ》さんが書いた「生きる」という詩は、埼玉の中学生の心をつかんだと思いました。そこで、生徒に「自分が相良さんの詩をどう受け止めたか、相良さんに手紙を書いて送ろう」と提案したのです。生徒たちは真剣に手紙を書きました。校長にその趣旨を説明し了解を得て、相良さんが学ぶ沖縄の中学校へ相良さんに宛てた手紙を送ることにしたのです。

◈沖縄の中学生に、埼玉の中学生が手紙を送る

生徒たちは、次のような手紙を書きました。

「僕は相良さんの『平和の詩』を読んで感動しました。沖縄の穏やかな日々を蹂躙し地獄へと変えた、あの戦争の悲惨さを詩で表現し、『戦力という愚かな力で得られる平和など無い』ということを訴えていることが心に響いてきたからです。沖縄で起こった悲劇を風化させまいと努力する人々がいる一方で、戦力を持とうとし、憲法を改正しようとする人がいることが僕はおかしいと思います。軍事を整えるのではなく、平和のために戦争の愚かさや恐ろしさを世界に訴えかけることが日本の役目だと思います。だからこそ、相良さんのように世間に訴えかけることのできる人は、本当にこれからの日本に必要なんだと思います」

「はじめまして。『平和の詩』を読んでの感想を、勝手ながら送らせていただきます。僕の社会の先生は沖縄が好きで、沖縄についてたくさん学んでいます。『平和の詩』を最初に読んだ時は、いろいろな場面、悲劇や惨劇が脳裏をよぎるような感覚になりました。生きることの大切さ、戦争の無意味さを、さらに心に焼き付けられたと思いました。僕は一度沖縄へ行ったことがあり、その時に沖縄の人たちが浮かべていた笑顔は、そんな生きることの大切さをかみしめていたものだったと思いました。人間ひとりの力ではどうしようもないことも、束になればどうにかなると

僕は信じています。これからも、遠い所からですが、沖縄の平和を願っています」

「私は学校の勉強でしか沖縄のことについて学んできませんでした。沖縄にはきれいな海やさんご礁などがあって、本当に美しいところだと思っていました。しかし、社会の授業で学習してから思いが変わりました。あのきれいな海が真っ黒に染まり、いろいろな場所に人々の死体があり、たくさんの米軍が押し寄せてきたなんて、本当にひどいことだと思います。同じ中学生でも、毎日が楽しく幸せな人ばかりではないということもわかりました。私はこの詩を読んで、『生きる』ということがどんなに大切なものかをあらためて教えてもらった気がします。『絶対に戦争をなくす』。誰もが思っていることだと思います。沖縄のことを他人ごとだとは思わずに、もっと学習してたくさんのことを知りたいです」

「私は相良さんの思い、沖縄の人々の願いをとても強く心に感じました。『生きることの大切さ』、『二度と戦争を起こさない』といった思いは、私もこの詩を読んで改めて感じることでした。同じ中学生が書いたと知ったときは、とても驚きました。中学生の詩が与える影響力はとても大きい。私も同じ中学生として声を上げるべきであるし、私たちが戦争の恐ろしさを後世に伝えていくべきなのです。そうすればきっと『未来に平和が訪れる』、私はそう信じて戦争の無意味さや愚かさを伝えていけたらいいと思います。素晴らしい詩をありがとうございました」

「私は学校の授業で沖縄の戦争について学び、そしてこの詩を読みました。学習するまでは沖縄についてあまり知らなかったけど、戦争がどんなに恐ろしく心の傷として残るかがわかりました。私は、『平和の詩』を読んでとても感動しました。特に印象に残っている文は、『もう二度と過去を未来にしないことを』、『戦力という愚かな力を持つことで得られる平和など、本当は無いことを』、『平和とはあたり前に生きること』という所です。本当にその通りだと確信します。この詩を読んで、平和とは何か、その答えにたどりつけた気がしました。私たちは何ができるだろう、そう考えたとき、やはり『戦争』や『平和』について、たくさんの人に広めていくことだと思いました。これからは若者が立ち上がる時です。あきらめずに訴えることが大切だと思います。平和を祈って、みんなで未来を歩みましょう」

中学生の、真っ直ぐで真剣な手紙でした。「生きる」という詩には、この詩を読んだ者の気持ちを伝えたくなる何かがあったのでしょう。クラス全員の手紙を送りました。相良さんは読んでくれるでしょうか。うれしいことに、沖縄の相良さんから丁寧な返信をいただきました。私は、その時の学級通信「平和村から」に次のように書いています。

「中学三年生で多忙の相良さんが、なぜみんなに返事をくれたのか、相良さんの手紙に次のように書いてありました。『……私は皆様のご感想を読ませて頂き、とても驚きました。実は私のもとにはいくつかの学校からの言葉が届いておりましたが、上尾中の皆様のご感想が私の心に一番深く迫るものがありました。……』。みんなが一生懸命に書いて送った手紙は、相良さんの心に響くものだったからです」

同世代の「平和を願う」小さな交流でした。しかし、純粋で多感な時期に結んだこの小さな交流が、近い将来に大きな連帯となっていくことを願わずにはいられません。

◆「声をあげる」ということ

相良さんへの手紙に「私も同じ中学生として声を上げるべき」、「これからは若者が立ち上がる時です。あきらめずに訴えることが大切だ」と書いた生徒たち。ならばと、三学期の道徳の授業で「声をあげる」ということについて考えてみることにしました。

二〇一八年一二月八日、沖縄にルーツがあるハワイ在住のロブ梶原さんが、アメリカ政府の請願サイト「We the people」に、辺野古新基地建設工事を沖縄県民投票まで中止することを求める署名を呼びかけました。これにタレントのローラさんやりゅうちぇるさん、伝説のロックバンド・クイーンのギタリストなどが呼応し、署名は二〇万人以上になったのです。

このことを題材にして、道徳の時間に「声をあげること」に意味はあるか、あるとしたらどんな意味があるのか、生徒と共に考えてみました。生徒たちは、圧倒的に「声をあげることに意味はある」として、次のように述べました。

「何もしなければ何も変わらない。可能性を信じて、声をあげることが大切なんだと思います」

「現状を変えるためには、『一人一人が意志を示し、声をあげること』が大切だと思いました。黙っていては何も伝わることはないけれど、声をあげることによって誰かを変えることができるかもしれない。それが理想の世界だと、私は思いました」

「日常生活でも、思っていることを口に出さなかったり、反対意見をあえて言わなかったりする人が多いと思うので、いろんなことに声をあげるためにも、小さなことでも自分の意見を言っていく必要があると思いました」

「一人では何もできないけれど、署名などたくさんの人の声が集まれば、少しは変えることができるのではないかと思いました。また、沖縄について自分たちは関係ないからと無視するのではなく、沖縄の人たちの気持ちになって考えることが大切だと思います」

「もしかしたら、政府には全く聞いてもらえないかもしれないけれど、このような出来事が起きていることをみんなが知り、きちんと向き合って考える姿勢が、私たちにも必要なんだろうと思います」


そして、その声を聞かない政治への思いも語っています。

「日本は民主主義の国なのに、民の声を聞かずに政府だけの意志で決定してしまうということに、日本の政府は間違っているのではと疑問を持ちました」

「たくさんの人がこんなにも声をあげて、辺野古新基地建設に反対しているのに、なんで政府は聞いてくれないのだろうと改めて思いました」

「住民と政府で大きな対立があるので、政府はしっかりと住民に対して工事の意図などを説明する責任があると思う」

「辺野古に基地をつくることにこれだけの人たちが反対しているのに、政府はアメリカにおびえて何も行動を起こしてくれないのはひどいと思います」

「日本政府は、なぜ日米同盟を続けるのか。自分たちの意志なのか。アメリカ軍基地は都市部にまである。辺野古のことをきっかけに、アメリカ軍基地を一つでも多く減らしてほしい」


沖縄の問題に限らず、「おかしい」、「認めたくない」、「許せない」等と思うことに黙っていないで「声をあげる」ことが大切です。しかし、このことは、「空気を読む」などと言って周囲に合わせて生きることを強いられる日本の学校や社会にあっては、とても勇気がいることでもあります。すぐに「声をあげる」ようにはならないかも知れません。でも、黙っていることは黙認していることと同じです。黙っていたのでは何も変わらないばかりか、事態がもっと悪くなるかもしれません。生徒が書いているように、「自分たちは関係ないからと無視するのではなく」、「小さなことでも自分の意見を言っていく必要がある」のでしょうし、「このような出来事が起きていることをみんなが知り、きちんと向き合って考える姿勢が、私たちにも必要」なのです。

2　見て、聞いて、調べて、考える

◈沖縄の「高校生の声は先生たちに届きましたか」

二〇二二年一月の歴史教育者協議会・中間研究集会に、沖縄からオンラインで講演した当時高校一年生だった上原一路さんの心からの訴えです。上原さんは、「#沖縄の声を運んでください」と題して、辺野古新基地建設が進められている大浦湾の美しい自然が壊されている悲しさを訴えていました。小学四年生から始めた「大浦湾の浜辺に打ち上る貝殻の研究」を通して、辺野古の豊かな生き物や自然を守りたいとする気持ちが溢れています。さらに、平和ゼミナールの活動で仲間と「日本政府が核兵器禁止条約に署名・批准する」よう呼びかける高校生署名にも取り組んでいました。パワーポイントを駆使した二四枚の写真の最後に、上原さんは次のように訴えます。

「私が報告したことは、学校では習わないことです。というよりは、習いたくても先生たちが教えてくれないという状況です。学校では生きていくうえで大切な基礎知識を学びますが、私は先生たちにこういった社会における問題やマイノリティーの声を伝えてほしいです。よく、『いろんな社会問題に興味を持って自分で調べてね』と言う先生はいます。そうではなく、歴史的な事実をしっかり伝え考えるきっかけを作ってほしいです。例えば、沖縄戦についてはどの学校も勉強する機会がありますが、戦後のことはあまり触れられず過去の歴史のままで終わっています。沖縄の学校ですら基地問題に触れる先生がほとんどいません。私の学校の真上をオスプレイや軍用ヘリが毎日飛んでいて、先生の声がかき消され、私は今も戦争が終わっていないと感じるにも関わらず。過去を踏まえて今はどうなのか、どうしていかないといけないのかということを考える機会が学校で欲しいです。また、こういった自分の考えをみんなの前で発表し議論しあえる場も作ってほしいです。意見共有することで自分の考えが変わるかもしれないし、自分と意見が違うのはなぜだろうと相手を理解しようとする態度が身につけられるトレーニングにもなるからです。こういった機会がないので、社会で起こっている問題のことを知らず、選挙でも若者の投票率の低さが目立ちます。過去の歴史から学び暮らしに活かすこと、現在の政治が暮らしに直結していること、その連続性を学校の歴史教育で教えてくれる先生は少ないような気がします。

今日私が報告した貝の声、遺骨の声、高校生の声は先生たちに届きましたか。今度は、先生方がこの沖縄の声を生徒さんや一人でも多くの人に運んでほしいです」

このような沖縄の高校生の声とその生きる姿を、声を聞いた者として私が担当する生徒たちに伝えなければならないと、つよく強く思ったのです。

◆本土復帰五〇年を伝える「琉球朝日放送」

二〇二二年は、沖縄の米軍占領が終わり、本土に復帰して五〇年という節目の年でした。上原さんの声を受けて、特に沖縄の今を生徒とじっくり学びたいと思いました。そこで、七月に予定の地理・沖縄学習の前に、沖縄では復帰五〇年をどう迎えたのか、琉球朝日放送を視聴することにしました。テレビ画面を食い入るように見ていた生徒たちは、次のような感想を書きました。

「沖縄に住んでいる方々や、沖縄を愛されている方々がかわいそうだと思った。沖縄に住んでいないとわからない事もあるのに、政治を行う人々は意見を聞かずに基地建設などの開発を進めているからです。私の街に米軍基地があったらと考えると、すごく怖いです」

「沖縄県民がどのくらい基地をなくしてほしいかがわかり、大人から小学生までが基地をなくすためにデモ行進をしているのを見て、必死に伝えようとしていることがわかりました」

「市民は基地のない平和な島を望んでいるのに今も実現できていないことや、市民は基地の県内移転に反対しているのに国は耳を傾けないで行おうとしていることに、ひどいと思った。沖縄の人々が怒りを持つ理由がわかった」

「復帰五〇年の今もなお、沖縄が問題を抱えていることを知りました。県民はその問題を解決するためにデモなどをしているのに、そのことに少しも耳を傾けないで基地建設を進めている政府は、本当にひどいと思いました」
「沖縄の基地負担がとても大きいことがわかりました。県民投票で反対しているにもかかわらず、政府がそれを無視して基地を作っていることを、私は賛成できません」
「いまだに基地が多く残り、本土と格差があることも知らず、自分の無知さに恥ずかしくなりました。総理が口だけで『努力する』などと言っても、所詮安い口約束なんだと悲しくなります。政府は国民の生活を豊かにするためにあるのに、立派な日本の一部である沖縄の意見を無視しているのなら、そんな政府の存在意義はないと思います」

沖縄に今もたくさんの米軍基地があるのに、新しい基地さえ作ろうとしている。それも、子どもから年寄りまで参加する基地建設への抗議の声を聞こうとしないで。生徒は、この国の姿勢に疑問や憤りすら湧いてきたのかも知れません。県民の声に耳を傾けない日本政府の姿勢を問う意見が多数ありました。また、次のように「アメリカの人にも知ってほしい」や、「深く考えてみたい」、「沖縄についてもっと知り」などと、これからの学習につながる感想も書いています。

「今まで沖縄について深く考えたり知ろうとしたりしなかったけれど、沖縄と他県の経済格差や米軍基地負担の重さ、沖縄県民の反対に対する政府の行動などがわかりました。この問題は、日本人はもちろん、アメリカの人にも知ってもらうべきだと思います。そして、これからを担う世代として深く考えてみたいと思いました」

「沖縄は今まで本土の安全のための捨て石になっていて、今も多くの人が苦痛を抱えていることがわかりました。戦争では四人に一人が亡くなり、戦後も観光業が発展した一方で経済的にも劣り、基地の負担を背負わされています。僕は沖縄についてもっと知り、沖縄から基地がなくなり、本土との不平等が解決できるように抗議したいです」

この番組を視聴することで、生徒には基地被害の様子や沖縄の人々の思いが伝わり、沖縄の今を考えるよい契機となりました。私たちが教える中学校地理の教科書には、もはや米軍基地に関するコラムの記事さえなくなっています。しかし、沖縄の米軍基地問題こそ、これからを生きる生徒たちと一緒に考えたいことです。不都合なことから目をそらし、一部を犠牲にしても平気な社会が続くのであれば、それはきっと誰の身にも同じことが起こるようになるのではないでしょうか。沖縄の今は、私たち日本社会の未来を映しています。

◈三時間の地理の授業

沖縄を、沖縄戦と米軍基地問題だけで学習することはできません。沖縄にはかつて琉球王国として栄えた歴史があり、その伝統を受け継ぐ島の文化があるからです。何より今でも美しく豊かな自然があるのです。これら沖縄の魅力をたっぷり学ぶことから沖縄学習を始めたいものです。

第一時は「もっと知りたい沖縄の魅力」。導入では、「沖縄と言ったら、想像することは何？」、「沖縄は長寿の島と言われてきたが、その理由は？」などの問いを考えて、沖縄へのイメージを膨らませます。さらに、「沖縄は東洋のガラパゴスとも言われる。どういう意味？」と、画像も見せながら沖縄の自然の多様性を説明します。そして、クイズ形式の選択問題を用意して一緒に考えます。沖縄クイズ（正解は注1に記載）は、次の一〇題です。

①沖縄にはいくつの島があるか（三〇、五〇、八〇、一六〇）。
②沖縄の東端から西端までの距離はどれくらいか（二〇〇㎞、五〇〇㎞、一〇〇〇㎞、二〇〇〇㎞）。
③沖縄の平均気温はどのくらいか（一六度、一八度、二三度、三〇度）。
④猛暑日（気温三五度以上）になる日は、全国で何番目に多いか（一番、二番、三番、四六番）。
⑤沖縄の住宅（今はコンクリートの家が多い）の屋根の上に一番多くあるものは何か（植物、避雷針、水を貯めるタンク、イスとテーブル）
⑥沖縄料理で丸ごと一匹使われる動物は何か（牛、豚、ヤギ、鶏）。
⑦沖縄そばの主な原材料は何か（小麦粉、そばの実、卵、大豆）。
⑧沖縄で最も生産額が高い農産物は何か（米、ゴーヤー、パインアップル、さとうきび）。
⑨沖縄の県魚は何か（グルクン、カツオ、マグロ、くじら）。

⑩「いただきます」を沖縄の言葉で何と言うか（くわっちーさびら、ちゅーうがなびら、うんじゅ、わらび）。

これらの問題の答え合わせをワイワイやりながら、画像を見せて解説します。さらに、沖縄の本当の魅力は……として、いくつかの「しまくとぅば」を話し、やちむんや染物等の伝統工芸、ハーリーやエイサーなどの習わしを紹介します。

（注1）沖縄クイズの正解　①一六〇（面積が〇．〇一㎢以上の島である「島しょ」の数。有人島は四八。以下のクイズも基本的に沖縄県のＨＰを参照）、②一〇〇〇㎞、③二三度、④四六番、⑤水を貯めるタンク、⑥豚、⑦小麦粉、⑧さとうきび、⑨グルクン、⑩くわっちーさびら。

第二時は、正面から「沖縄の米軍基地」を取り上げます。まず、二〇一三年七月の参議院議員選挙以来、全県レベルの選挙で勝った人はいずれも「オール沖縄」と言われる候補者であることを提示し、この人たちに共通の公約（政策）は何かと、ヒント（何かを阻止すること）を出して考えさせます。それは、「名護市辺野古の米軍新基地建設を阻止すること」と確認します。では、「なぜ辺野古に米軍新基地が造られることになったのか、考えてみよう」と問いかけ、用意した授業プリントを解いていくのです。プリントでは、一九九五年に起きた普天間基地海兵隊員による小学六年生への暴行事件を取り上げ、事件の凶悪さはもとより日米地位協定の非情さや不条理も考えさせます。そして、事件の一か月後に八万五〇〇〇人が集まり開いた沖縄県民総決起大会での高校三年生、仲村清子《すがこ》さんの訴えを読みます。仲村さんの「……いつまでも米兵に脅え、事故に脅え、危険にさらされながら生活を続けていくことは、私は嫌です。未来の自分の子どもたちにも、そんな生活はさせたくありません。私たち生徒、子ども、女性に犠牲を強いるのはもうやめてください」という訴えは、これまでもずっと沖縄の人たちが米軍基地ゆえの犠牲を強いられてきた歴史があるからです。

生徒に「次の数字（一九七二年の復帰から二〇一九年まで）は何を表しているか」と、四つの数字（①六〇二九件、②四〇一三件、③八一一件、④六三三件で三九〇〇ｈａ）を考えさせます（答えは注2に記載）。さらに、米軍占領下での事件や事故を取り上げます。例えば、一一人の児童を含む一七人死亡、二一〇人が重軽傷を負った宮森小学校への米軍戦闘機墜落事件（一九五九年）、米軍のパラシュート降下訓練中の事故で落下してきたトレーラーの下敷きになり小学生が死亡した事件（一九六五年）などです。また最近のこととして、大型ヘリが沖縄国際大学に接触、墜落、炎上したが、沖縄県警は七日間捜査できなかった（二〇〇四年）、米軍属の男にジョギング中の女性が強姦、殺害、遺棄された（二〇一六年）、大型ヘリの窓枠（重さ八キロ）が、普天間第二小学校の体育の授業中に落下した（二〇一七年）等も説明します。そして、三万人が原告となっている「嘉手納基地爆音訴訟」や米軍基地周辺の「ＰＦＡＳ汚染問題」などにも触れ、最後に、沖縄の基地返還運動の盛り上がりを受け、日米両政府が「米軍基地の整理統合」や「日米地位協定の運用の改善」を協議するSACOという委員会を設け、一九九六年一二月に「普天間基地をはじめとする米軍基地一〇か所の全面または一部返還」を発表したが、普天間基地については「既存の米軍基地に新たな滑走路を造る」という条件をつけ、それが辺野古新基地であることを確認します。

（注2）四つの数字の答え（沖縄県HP→平和・基地→米軍基地→沖縄から伝えたい。米軍基地の話。Q&A Book令和二年版→数字で見る沖縄の米軍基地〈裏表紙〉を参照。①米軍の犯罪、②米軍の交通事故、③米軍の航空機関連事故、④米軍演習による原野火災。

第三時は、「沖縄県の米軍基地は、このままでいいのか。辺野古新基地建設は、仕方ないのか」を生徒に考えさせました。沖縄の基地負担について、一九六〇年は全国に占める沖縄の基地の割合は三八％だったものが、一九七二年に五九％、今が七〇％と増えています。特に、嘉手納町では土地の八二％、北谷町では五一％、読谷村で三六％が米軍基地です。本土の二倍半の米軍人が沖縄に駐留しているのです。米軍人による犯罪も復帰後だけで六〇〇〇件を超えています。沖縄県はホームページで次のように問いかけます。

「日本の安全保障が大事であるならば、基地負担のあり方についても日本国民全体で考え、その負担も日本全体で分かち合うべきではないでしょうか。沖縄県としては、辺野古新基地建設問題等を通して、日米安全保障の負担のあり方について、改めて日本全国の皆様で考えて頂きたいと思っています」

この問いかけに、どのように応えればいいのでしょう。この問いも意識しながら、生徒は三時間の地理の授業の感想を書きました。

「米軍は沖縄の人々を見下していると思いました。なぜなら、沖縄の人々に殺人などの犯罪行為をしたリ、人々を侮辱したりするような行為をあれほどたくさんしているからです。沖縄の人々にきちんと謝って、反省してほしいです。今すぐ辺野古新基地建設を取りやめてほしいです」

「沖縄は政府に放っておかれていて、すぐに解決しなければならないと思いました。数多くの米軍の犯罪が起きているのに正当な判決が下されず、だから『日米地位協定』の見直しが必要です。沖縄県民の声をしっかりと聞く政府の対応が必要であると思います」

「日本にいる米軍の人は、しっかり日本のルールで生活してほしいと思いました。日本で起きた事件は、日本の法律で裁いてほしいです。そして、米軍基地を他の場所に移すのではなく、米軍基地はなくしてほしいと思いました」

「沖縄の人たちが毎日のようにヘリコプターの低空飛行による騒音の中で授業を受けていることを知り、とても驚きました。自分だったら、体育の授業でヘリの窓枠が落ちてきたら、もう外に出たくないと思います。早く米軍基地をなくして、沖縄を平和な島にしてほしいと思います」

「米軍基地はとても恐ろしいものだと感じました。米軍基地については、沖縄の人だけに押しつけるのではなく、日本全体で考えないといけないと思いました。沖縄の人々が自由で安心して暮らせるようになるには、米軍基地をなくさないといけないことがわかりました」

「沖縄の小・中学校ではオスプレイの音が響き、米軍に脅えながら勉強していると知り、私たちの環境は恵まれていると思いました。けれど、この環境へ感謝するだけでは不公平な状況は変わりません。まずは、夏休みの新聞づくりを通して沖縄について知り、沖縄の皆さんのためにできることは何か考えて行動し、少しでも平和な沖縄への力になりたいと思いました」

「沖縄がいかにひどい環境にあるかを知りました。ずっと日本は平和だと思っていました。でも、米軍基地が関わる数えきれない犯罪や事故があることを知り、とても胸が痛くなりました。私たちにできることは、『このことがいけないことだ』と言い続けること、解決してくれる政党を見極めることだと思います」

◈夏休みの課題「本土復帰五〇年　沖縄の今」

沖縄の人々が置かれている現状に心を痛め、このままではいけない、自分たちも考えていきたいとする生徒たち。その気持ちが熱いうちに、夏休みの課題を「本土復帰五〇年・沖縄の今」というテーマで調べ学習をおこない、一枚の新聞（B４サイズ）にまとめることとしました。

私にとっては、画像を見せる以外の数少ないＩＣＴ使用授業です。一学期末の授業で生徒用クロームブックを使い、沖縄県の公式ホームページにアクセスし調べ方のガイダンスを行いました。ホームページの「沖縄こどもランド」のサイトには「沖縄のすがた」「沖縄の産業」「沖縄の自然」「沖縄の文化」など六つの項目があり、例えば「沖縄の文化」では、沖縄のことば、伝統芸能や伝統工芸、音楽、食文化、沖縄の世界遺産等について調べることができます。また、「沖縄のすがた」に「沖縄の米軍基地」という項目があり、「沖縄から伝えたい米軍基地の話。Ｑ＆ＡＢＯＯＫ」を開けば、米軍基地に関する二七の質問と解説を調べることもできます。

長期休業中の調べ学習と新聞づくりではいつもそうしていますが、生徒には「課題の手引き」を配布します。目的、テーマ、提出日、調べるサイトと方法などを示しています。肝心の調べる内容については、次の二点を必ず調べるように強調しました。

①沖縄の魅力などについて【気候、シンボル、街並み、観光、農業、畜産業、漁業、自然、海、動植物、やんばる、島（西表島、石垣島、宮古島など）、ことば、伝統芸能、伝統工芸、音楽、食文化、世界遺産、歴史（琉球王国）、移民、沖縄戦】

②沖縄の米軍基地について

①については、自分が関心を持っているテーマについて四つか五つの内容を調べ、②について

は、先に示した「沖縄から伝えたい米軍基地の話。Ｑ＆Ａ　ＢＯＯＫ」から自分が関心を持った内容について調べるとしました。また、新聞を見やすくするように、

・小見出しをつける。
・Ｑ＆Ａ形式にするのもいい。
・特に調べたいことを、四つか五つぐらいの内容にしぼってまとめる。
・図や表、グラフ、色鉛筆の使用など、まとめ方にも工夫する。
・自分や若い世代に何ができるか、自分の考えをまとめる。
・新聞の最後に、自分が調べたことを基にして、「本土復帰五〇年　沖縄の今」について自分の考えを書く。

等のアドバイスを載せました。

中学生にとって、長期休業中の課題は少ない方がうれしいに決まっています。しかし、教科ごとに復習用のワークなどが課されている昨今の現状では、自分で調べ考えて自分だけの新聞を作ることは貴重な経験になるのではと思っています。普段のテストの点数では測れない中学生の能力が発揮されているのも楽しみです。沖縄の新聞も力作が並びました。二学期はいつも、生徒が一生懸命に作製した新聞の発表会から始めることにしています。

うちなー新聞

沖縄プチ情報

県章

本土復帰した1972年生。5月15日から使われています。一番外側は沖縄を囲む海、中の白い丸は「OKINAWA」の「O」と人の輪、一番内側は沖縄の発展性を表します。

食文化

琉球時代に、首里城で外国からのお客様をおもてなしするために宮廷料理が誕生。庶民は亜熱帯の厳しい環境で手に入る材料で知恵を絞り独特の料理をつくった。普段の食事で病気の治療や予防をする「医食同源」という考えで、栄養バランスの良い食事。この2つの料理が琉球料理として現在に受け継がれています。

自然

山原(ヤンバル)は沖縄島北部の豊かな自然が広がる地域。山原では昔から森と人が共に暮らしています。その関わりの中で森が守られてきました。世界でもここにしかいないヤンバルクイナ、ノグチゲラ、ヤンバルテナガコガネなどがいます。人と共に生きてきた森、山原の生き物たちが今、人間によって絶滅の危機にあります。

西表島(いりおもてじま)は島全体を森が包み熱帯のジャングルのようです。そこにはイリオモテヤマネコなどがいます。また、海岸にはマングローブが広がっています。

米軍基地と沖縄

米軍基地と歴史

太平洋戦争中の1945年4月に米軍が沖縄本島へ上陸。基地をつくり始める。

← アメリカは戦争後も占領。

朝鮮戦争が起こる。

← 沖縄が太平洋の平和を守るための大切な拠点になると考え、基地がさらに増やされる。これにより、県民の家や畑が強制的に取り上げられる。

← 1972年5月15日、沖縄県として本土復帰。

← 1996年、2006年の2回で合わせて17ケ所の基地の返還と、約9000人の海兵隊を国外へ移すことを約束する。

← ◎それでも沖縄には基地がまだまだ残っている。

◎夜間・早朝の飛行訓練の音がうるさい。

◎航空機燃料などの流出により川が汚染される。

◎復帰後44年間で航空機関連の事故が709件、米軍による刑法犯罪が5919件。しかし、日米地位協定の影響で正しいばつが与えられていない。

辺野古新基地

○辺野古・大浦湾周辺の海にはたくさんの生き物が住んでいて、絶滅危惧種やここにしかいない種類もいる。その数なんと5800種。

↓しかし埋め立てによって土砂が流れ込み貴重な生態系がこわされている。

○埋め立てに使う土砂を戦争の跡地から掘るのは戦争によって命を失った方々へ失礼。

私達にできること

私達の身近なところに「インターネット」という存在があります。これを使って調べ、それについて考えを深めて、さらにそれを人に伝えるという連鎖が大切だと思います。そしてそれが今すぐにできることの一つだと思います。

また、授業で取り上げられる事に対して真剣に考え、それを共有することも大切にしたいです。そういう小さなことも積み重ねていけば現地への力になると思います。

考えたこと

沖縄について知れば知るほど素敵な場所だなという思いは強まりました。しかしその裏では、米軍基地という大きな問題に向き合わされ、悩まされていると改めて分かりました。同じ日本で起きていることなので自分のこととして考えることが大切です。そして沖縄が、これからますます良い方向に発展してほしいです。そのためにも、まずは、沖縄の現状をもっとたくさんの人に知ってもらい、考えてもらいたいです。

OKINAWA新聞

沖縄って魅力がたくさん!!

＜沖縄のシンボル＞

県章

・沖縄が本土復帰した一九七二年五月十五日から使われている沖縄のマークです。県章は3つの丸からなっています。一番外側の赤い丸は、沖縄県を囲んでいる海を、中にある白い丸はローマ字「OKINAWA」の「O」と人の輪、一番内側の赤い丸は沖縄の発展性を表しています。「海洋」「平和」「発展」のシンボルです。

＜沖縄の歴史＞

昔沖縄県は琉球と呼ばれる一つの国でした。一四二九年、尚巴志（しょうはし）という人物が、各地の有力者を一つにまとめました。首里城を王国の中心とした琉球は、さかんに中国や日本、アジアの国々に出かけていき、たくさんの品物を売り買いしました。一六〇九年琉球は薩摩藩からの侵攻されます。ちょうど日本では将軍を頂点とする国が始まったころでこのころ琉球は日本文化の影響をうけ、さらに特色のある文化ができ上がりました。

＜沖縄の観光業＞

沖縄に訪れる観光客数は日本復帰一九七二年には四十四万人程でした。その後沖縄県内の道路、港、空港、ホテル、観光施設の整備が進み、二〇十八年には九百五十八万人の観光客が訪れていて毎日約九万六五百人の観光客が沖縄にいることになります。また、沖縄を訪れる観光客がホテルやレストラン、お土産品店を利用することで経済効果が生まれます。ホテルやレストランの料理に使われる食材は、県内でとれた野菜や魚が使われることから漁業や農業とも関連しています。観光業は、沖縄県内の産業を引っ張っていくリーダーとして期待されています。

～美《ちゅ》ら海水族館～

沖縄県屈指の人気スポット。16000万匹もの魚が泳いでいます。マンタジンベエザメなど大迫力です。

＜沖縄のSEA＞

沖縄の海は微生物やプランクトンなどの小さな生き物が少ないため、透きとおっていて、海面から底の方まで見わたせるほどです。

沖縄のそばを北に向かって流れている、「黒潮」という大きな流れには、海中の小さな生き物があまりいないので「コバルトブルー」と呼ばれるきれいな色をしています。

沖縄が抱える大きな問題

？そもそも米軍基地が沖縄に？

太平洋戦争において、史上まれにし烈な地上戦が行われ、沖縄に上陸した米軍は住民を収容所に強制隔し土地の強制接収を行い、次々と新しい基地を建設していきました。住民は土地を有無も言わさず奪われました。

？沖縄が抱える騒音環境問題？

沖縄県における広大な米軍基地の存在により県民の生活環境や自然環境への影響が懸念されています。なかでも、日常的に発生する航空機騒音は基地周辺住民の生活環境に大きな影響を与えています。

■ 令和元年度航空機騒音測定結果

飛行場	1日あたりの騒音発生回数	最大ピークレベル
嘉手納飛行場周辺	56.5回	116.1dB
普天間飛行場周辺	32.4回	124.5dB

これらの地点では、最大ピークで飛行機のエンジン近くの同程度の騒音が発生しています。

また、日米両政府は、22時から6時までの飛行は、米国の運用上の所要のために必要と考えられるものに制限することに合意していますが、両飛行場周辺では、同時間帯においても広範囲で測定されるなど、実効性のある航空機騒音の軽減措置は講じられているとは言えない状況です。

＜感想＆私達に出来ること＞

私は沖縄に一回行ったことがあって、沖縄ってとってもいいところだなと思っていたけど、沖縄を調べてみて一回行っただけじゃ分からなかった事も知ってまた行きたいと思いました。だけど沖縄には米軍基地問題を抱えています。沖縄のよいところを奪っていくようなものはあってはならないと思います。沖縄の人達が安心して暮らせるように、少しでも力になれたらと思うから、まずは沖縄についてもっと深く知ろうと思いました。

3　沖縄の声と向き合う

◈玉城デニー沖縄県知事への手紙

沖縄の学習を進めながら、現地の声を直接伝えることはできないかとずっと考えていました。当事者の言葉には当事者だから語れる説得力があるからです。米軍基地という存在が日常である沖縄で、そこに暮らす人々はどのような思いを持っているのか、基地が日常にはない私たちは人々の声から想像し考える必要があります。しかし、普通の公立中学校で、しかも社会科授業の延長上で、どんなことができるでしょうか。高校生の上原さんからオンラインなどで直接話を聞くことはできないか検討しましたが、現役の高校生には自分の学業があり難しいことがわかりました。

そんな時、ふと立ち寄った書店で玉城デニー沖縄県知事が著した『新時代　沖縄の挑戦』（朝日新聞出版、二〇二二年）という本が目に留まり、早速購入しました。自らの出自やこれまでの歩みを誠実に述べ、沖縄を「平和で豊かな島」にする目標に向かい、知事として多大な努力を重ねて来られたことを知りました。無謀なことだとは思いましたが、玉城知事の沖縄に対する溢れる思いや新しい時代の沖縄をつくりたいという熱い思いを、埼玉の中学生に直接語ってもらうことはできないだろうかと、何かに突き動かされるような気持ちになりました。そこで、玉城知事に手紙を書いてみることにしたのです。二四〇〇字を超える手紙になりました。

「……これからを生きる若い世代に、沖縄で起きていることは自分たちに関係のないことではなく、日本にいればどこで起きてもおかしくないことだと知ってほしいです。また、日米安保や日米地位協定の問題は差別や不平等、そして暴力を伴っていることを考えてほしいです。さらに、沖縄の人たちの声を無視し人権より国家を優先する、民主主義とは相いれない今の日本の国のあり方にも目を向けてほしいと思っています。

今年は、沖縄の本土復帰五〇年という節目の年です。子どもたちの心に、沖縄について考えたことをいつまでも残したいと思いました。そして、玉城知事の掲げる『誰一人取り残さない未来』を共につくってほしいと強く思いました。どうでしょうか。沖縄について勉強している埼玉の中学生に、沖縄からオンラインで講演していただけないでしょうか。

……私は『沖縄の米軍基地問題』を一刻も早く沖縄県民が望む方向に改善し、沖縄で人々が米軍の犯罪や事故に脅えることなく安心して暮らせる日が来るように願っている一人です。日本の政治が弱い立場の者を犠牲にしたり、一部の者の利益のためにのみ行われたりすることがないようにしたいと思っている一人です。『沖縄の今とこれから』を、『平和で豊かな島』への挑戦を、子どもたちに語っていただけないでしょうか。公立中学校の一教員がこのようなお願いをすることは、あまりないことなのかも知れません。でも、何もしなければ何も生まれないことも事実です。玉城デニー知事の心に何か留まるものがないかと、一縷の望みを抱いています。玉城知事から直にお話を伺うことができれば、埼玉の中学生もきっと応えてくれると信じています。そして、きっと彼らも何か行動を起こすに違いありません。知事選挙を終えて、二期目の知事としてのスタートは多忙を極めているかもしれませんが、一〇月の中旬にこの企画が実現できないでしょうか。ご検討のほど、心よりお願い申し上げます」

夏休みも終わろうとする八月一八日、この手紙を玉城知事に送りました。今振り返れば、とんでもない手紙でした。八月二五日告示、九月一一日投票の沖縄県知事選挙の直前だったからです。私としては二学期の見通しを立てたかったのですが、沖縄の事情を考える想像力に欠けた迷惑なお願いでした。それでも、九月早々に沖縄県庁から電話がありました。知事の講演は難しいが、基地対策課の職員ならお話しできるということでした。私のような者の願いを受け止めてくれたのです。まず、そのことに感動し感謝しました。そして、校長に報告し早速実現に動いたのです。

◈基地対策課・町田光弘さんの講演

沖縄からオンラインの講演といっても、ＩＣＴに疎い私には難問です。そこで、全面的に技術科担当の同僚にお任せしました。学年の協力体制が有難いです。グーグルのクラスルームを使用して繋いでくれました。講演の前日夕方には、沖縄とリハーサルも行いました。

当日は、沖縄県の知事公室基地対策課（中継は別室）と中学校八クラスの教室をオンラインで繋ぎ、担当職員の町田光弘さんのお話を伺いました。町田さんは、パワーポイントを使って琉球王国とつながる沖縄の地理や歴史を解説し、戦争中は米軍による攻撃と占領で人々が大きな被害を受けたこと、そして今も米軍ヘリの墜落事故などが起き続ける基地問題について説明しました。講演を受けて、生徒からは「私たちには何ができますか」、「お勧めの沖縄の食べ物を教えてください」などの質問が出ましたが、笑顔で答えてくれました。最後に「米軍による事故や犯罪を防ぐにはどうしたらいいと考えていますか」という質問が出て、私なら「沖縄から米軍基地をなくすこと」や「日米地位協定を対等な関係に改定すること」などと答えるだろうと考えていました。町田さんは「米兵に人権があるように、沖縄の人々も同じ人間で人権があると理解してもらえるように、基地の中で米軍への人権教育をしてほしい」と語ったのです。もっと強く言いたかったのではないかと思います。でも、米兵や米軍によって沖縄の人々の「人権」が蔑ろにされていることを、穏やかな言葉で、しかし、私たちの心に響く言葉で訴えたのだと感じました。

町田さんは、米軍基地に関して県民所得に占める基地関連収入の割合が小さくなっていることや、アメリカとの地位協定でもドイツには主権があることなども具体的に説明しました。そのことに注目していた二人の生徒は、当日取材に来てくれた東京新聞さいたま支局の記者に「沖縄の人が基地をなくしたいと思う気持ちを尊重しないといけない。経済的にも基地がなくなった方が発展すると知り、やはり基地は減らさなければと思った」、「米兵が事故や犯罪を起こしても、アメリカの許可がないと日本で裁判もできない。安全保障が必要なこともわかるが、同じく米軍基地があるドイツなどの国々のように、日本も主導権を持てるようにした方がいいと思う」と、それぞれ語っています（東京新聞埼玉版、二〇二二年一二月一日付に掲載）。

そして、生徒は次のようなお礼の手紙を書いて、町田さんに送りました。

「本土と沖縄の間にはまだまだ差があると思いました。オスプレイや米軍人に脅えながら毎日を過ごし、沖縄県民の意見はなかなか反映されない。日本国憲法には『平和主義』、『国民主権』、『基本的人権の尊重』という三つの柱がありますが、沖縄ではどれも守られていない気がします。話を聞きながら何度も『沖縄は本当に日本なのか？』と思いました。誰だって安心して暮らしたいし、そういう場所を整える責任が国にはあると思います。一刻も早く、沖縄の方々の意志が反映され、本当の沖縄、平和な沖縄を実現させたいと思いました」

「本土復帰から五〇年、未だ解決されていない問題が多く、五〇年かかっても解決していないなら、平和な沖縄になるにはあと何年かかるんだろうと思いました。これからの未来を作っていくのは私たちです。私たちにできることも、少なからずあるはずです。沖縄の現状、基地について興味を持つこと。たくさん知ること。また、大人になれば選挙権があります。投票するときにも、知識は必要です。町田さんのお話を聞いて、沖縄の人々は本当に基地をなくしたいと思っているのだと思いました。沖縄の人々の苦労やつらさは、沖縄の人々にしかわからない部分もあると思います。けれど、それを理解し解決しようとする努力を、私たちはすべきだと思いました」

「お話で特に印象に残ったことは、沖縄の人たちが受けた被害もそうですが、一番は沖縄の豊かさと沖縄県民の願いです。沖縄には貴重な生物や多様性に富んだ自然、世界自然遺産があると知り、想像していた以上に魅力のある県だと思いました。にもかかわらず、沖縄国際大学へのヘリコプターの墜落事故は、沖縄では大きな事件・事故と考えられたのに、日本全体ではあまり重視されなかったという現実です。沖縄は日本の一部なのに、私たちは他人事すぎると思いました。米兵に沖縄の人たちの人権を理解してもらうことも大切ですし、私ももっと沖縄について知らなければならないと強く思います。『基地のない平和な沖縄を』という沖縄県民の願いを叶えるために、国民の権利を強く主張していきたいです」

「私たちは、夏休みに沖縄の新聞を作りました。沖縄の海はとってもきれいで、たくさんの自然があふれていることを知りました。しかし、沖縄戦を経て強制的に民有地が接収され、米軍がどんどん新しい基地を作ってしまったために、本土復帰五〇年が経つ今も基地をなくせないでいることを知りました。航空機関連の事故が、多い年は五〇件もあることにとても驚きました。自分たちに起きないことが沖縄ではあたり前のように事故や騒音となっていることを、少しでも早く改善しなければならないと感じました。五〇年後は、これらの問題が全くない状態を作っていきたいと思いました」

「町田さんの話を聞いて、やはり沖縄の基地はもっともっと減らしていかなければならないと実感しました。私は沖縄を一度訪れたことがありますが、とてもきれいな景色や優しい住民の人々を今でも覚えています。そんな沖縄に米軍基地の七〇%が集中しているのは、おかしいと思います。自分たちが基地をすべて沖縄に押しつけているようで、申し訳ない気持ちになります。だからこそ、沖縄に関心を持ち続け、自分に何ができるか考えていきたいです。日米地位協定は難しく、理解が追いつかなかったので、これから調べてみたいです」

やはり、当事者の声を聞くことには大きな意義があると思いました。「航空機関連の事故が年間五〇件」「基地による経済効果は低い」「強制的に民有地が接収され米軍がどんどん新しい基地を作った」「事故が起きても沖縄以外では大きく取り上げない」など、当事者だから知っている事実や語れる思いがあります。「沖縄は本当に日本なの」「平和な沖縄になるにはあと何年かかるのか」「沖縄の人たちは本当に基地をなくしたいと思っている」「自分たちが基地をすべて沖縄に押しつけているようで申し訳ない気持ち」などの生徒の思いは、当事者だから持っている「伝える強さ」を感じたからではないでしょうか。中学生も沖縄の米軍基地問題は人権や民主主義、国民主権にかかわる大変な問題なのだと気づいたのでしょう。だから、国民の権利を主張したいし、選挙権をしっかり行使したい。それには知識が必要で、知らないことはもっと調べたい、自分にできることを考えていきたいと思ったのです。

当事者の声を直接聞くことで、私たちは当事者の立場に近づき、その思いに共感していくことができるのではないでしょうか。

◆冬休みの課題

中学三年生になると、沖縄戦も含め長い戦争の歴史を学びます。侵略と敗戦の歴史を経て、私たちは「もう二度と戦争をしない」と誓う日本国憲法や憲法九条とともに歩んできました。どのように戦争のない平和な世界をつくればいいか、米軍基地の問題も含めて公民の授業で考えます。そのような中学三年生での学習を見通し、冬休みに沖縄戦や米軍基地についてじっくり学んでほしいと思いました。そこで、冬休みの課題は「沖縄戦」あるいは「沖縄の米軍基地」をテーマとする本（学校で配布する朝日新聞社発行「知る沖縄戦」の新聞も可）を読み、レポートを書くこととしました。レポート用紙には、①どのような事実を知ったか、②本または「知る沖縄戦」を読んでどんなことを考えたか、その二点を書くよう指示し、次のような参考図書も例示しました。

与那覇百合子『劇画　ひめゆりたちの沖縄戦』（閣文社）
石野径一郎『ひめゆりの塔』（講談社）
三上智恵『証言　沖縄スパイ戦史』（集英社新書）
謝花直美『証言　沖縄「集団自決」』（岩波書店）

下嶋哲朗　『沖縄・チビチリガマの集団自決』（岩波書店）

新崎盛暉他　『観光コースでない沖縄』（高文研）

伊波洋一　『普天間基地はあなたの隣にある。だから一緒になくしたい。』（かもがわ出版）

渡辺豪　『私たちの教室からは米軍基地が見えます』（ボーダーインク）

屋良朝博　『沖縄米軍基地と日本の安全保障を考える二〇章』（かもがわ出版）

前泊博盛　『沖縄と米軍基地』（角川書店）

佐藤学　『沖縄の基地の間違ったうわさ』（岩波書店）

木村司　『知る沖縄』（朝日新聞出版）

三上智恵　『戦場《いくさば》ぬ 止《とぅどぅ》み　辺野古・高江からの祈り』（大月書店）

嬉野京子　『戦場が見える島・沖縄　五〇年間の取材から』（新日本出版社）

上間陽子　『海をあげる』（筑摩書房）

石川文洋　『フォト・ストーリー　沖縄の七〇年』（岩波書店）

玉城デニー　『新時代沖縄の挑戦 復帰五〇年 誰一人取り残さない未来へ』（朝日新聞出版）

など、学校の図書室にある本や私が所蔵している本を中心に生徒に紹介しました。多くの生徒は「知る沖縄戦」を読んでのレポートでしたが、二割程度の生徒が「本を読むこと」に挑戦していました。

◈本の著者への手紙

「先生、本を貸してください」と私に申し出る生徒もいましたが、なかには先に挙げた『沖縄の基地の間違ったうわさ』、『沖縄と米軍基地』、『知る沖縄』、『新時代沖縄の挑戦 復帰五〇年 誰一人取り残さない未来へ』、『フォト・ストーリー　沖縄の七〇年』等を自ら購入した生徒もいました。三学期早々に授業でレポートの発表会をしたのですが、しっかり書かれたものが多く、これで終わりにはできないと感じました。そこで、各自のレポートに手紙のあいさつ文を加えて、それぞれ本の著者、または朝日新聞の担当者に中学生のレポートを送ったのです。

著者への送付先がわからないので、本の出版社に今回の趣旨を伝え、私のあいさつ文を添えた生徒のレポートを本の著者に送ってもらえるように依頼しました。出版社には手間をかけることになりましたが、多くの出版社が著者に中学生のレポートを送ってくれたようです。本の著者などから九通もの返信があり、その誠実さに感謝し生徒とともに喜びました。

生徒は、次のようなレポートを書いて、それぞれの著者に送っています。

「私は、『知る沖縄戦』の新聞で、『集団自決』についての記事を読みました。集団自決とは、親子や兄弟、近しい人たちがひとかたまりになって命を絶ったことを言います。誰もが『天皇陛下万歳』と三唱し、誰よりも偉い天皇のために命を捨てる、ということが教え込まれていたことを知り、とても怖いと思いました。宮城恒彦さんの母は『姉は先に死ねて幸せだ』と、金城重明さんは『生き残ることが怖かった』と書いていました。なんて残酷な考え方をさせているんだと思いました。私は、命より、生きることより尊いものはないと思って生きてきました。だから、『集団自決』という考えや教育がとても悲しく、恐ろしくてなりません。……教育とは時に悪い、人を惑わす洗脳につながることがわかりました。宮城恒彦さんの記事では、『多くの人は口を重く閉ざしたまま亡くなりました。戦争体験を話す人の向こう側に、つらい体験を話すことができない人がたくさんいることを知ってほしい』と書いていました。いずれ、戦争と隣り合わせで生活していた人の体験談が本人の口から聞けなくなります。その時のためにも、今私たちができることは、正しいことを学び、二度と同じことを繰り返さないことだと考えました。つらい事実を受け止め、誇れる未来をつくっていきたいです。（『知る沖縄戦』を読んで）」

「この本を読んで、今まで学んできた米軍基地についての知識を深められたし、難しくてよく分からなかった日米地位協定について知ることができました。まず私がこの本を読んで衝撃を受けたのは、一九九五年に起きた三人の米兵による少女暴行事件です。三人の米兵を容疑者として米軍に対して身柄の引き渡しを求めます。しかし、米軍は日米地位協定を盾に身柄の引き渡しを拒みます。日米地位協定では、容疑者の米兵の身柄が米国側にある場合は、日本側が容疑者を起訴するまで身柄を引き渡さなくていいという取り決めがあり、沖縄県警は事件の立件に必要な容疑者の取り調べができないという状況に追い込まれてしまいます。……私は、ここまで日米地位協定には不平等や不正があるにもかかわらず、地位協定の改定を求めたら『議論が走りすぎている』（当時の河野外務大臣）と言われる。おかしいと思います。結局、沖縄の人たちの声を聞こうとしていないように思います。そして、様々な負担を沖縄に押し付けて、都合の悪いことは立場の弱い者の意見すら聞かない。こんな状況で、日本は民主主義を名乗れないと思います。（『沖縄と米軍基地』を読んで）」

「『大多数の国民は、日米安保で米国は日本を守ってくれると思っているが違う。日本を守るのは自衛隊です。米軍の守り方は、日本への侵略を抑止する、戦争が起きても早期に終結させる、日本の被害を最小限にするために相手国を攻撃する、物理的に日本を守ることではない。例えば尖閣諸島程度の小島を米軍が守るはずがない』。米軍が物理的な作戦行動で日本を守るのではない、という認識を自衛隊幹部が共有しているのも事実で、重要なのだそうです。このことから、米軍が駐留しているのは日本を守ることではないなら、何のために駐留しているのか疑問に思いました。また、山梨、静岡の富士山麓で実弾砲撃を実施した際、住民の抵抗が強く、山梨では女性たちが米軍の大型車両の前に立ちふさがったり、砲撃演習の着弾地に潜入して訓練を実力阻止したりするという事態が起きました。同じ頃、東京では『砂川闘争』が広く知られ、米軍の存在を国民の目から遠ざける『不可視化』を進めるスケープゴードとして沖縄が使われました。これは、山梨や静岡は住民が強く反対したから避けたい、この気持ちで沖縄に移動したが、沖縄でも現状、知事をはじめ県民の半数以上が米軍基地に反対しています。山梨や静岡とほぼ同じ状況にもかかわらず、沖縄はいいのか。この考え方はおかしいのではないか。沖縄の平和のため『間違ったうわさ』を『正確な現状』に変え、一日も早く納得する結論を出して、平和で安全な世界をつくってほしいです。（『沖縄の基地の間違ったうわさ』を読んで）」

「私はこの本を読んで沖縄に対する見方や、基地問題に対する考え方が一八〇度変わりました。それは、現地の方々が実際はどう思っているのか、どうそれらの課題と向き合っているのかをこの本が強く訴えているからです。今までも、授業や新聞づくり、講演会などを通して沖縄の魅力や基地について調べてきました。その度に、基地を減らさなければと思っていました。けれど、この本を読み進めていくうちに、基地を減らすことだけが沖縄の方々の望みではないと感じるようになりました。『誇りを失わず、しかも権力とも折り合って生きていく方法は簡単ではない』。とても難しいことだけれど、この二つのバランスをうまく取ろうと沖縄の方々は努力していることがわかります。だから、沖縄に基地があることには理解している方が多くいらっしゃいます。しかし、その基地を負担している割合については、戦前の美しさを少しでも取り戻すために割合を減らしたいという誇りも、同時に持ち合わせています。『誇り』と『権力とも折り合う』という二つの想いがあるからこそ、町田さんもおっしゃっていたように米軍の方たちとも理解し合い、互いを尊重し合いたいと思っているのだと思いました。また、読んでいるなかで、市長や県知事、海上保安庁や政府に対して抗議をしたり、訴えたりする場面があります。しかし、そのときに誰かが傷つくような言葉や責めるような言葉を言っていないことに驚きました。それは、沖縄には今も言霊《ことだま》に対する信仰が残っているからだと筆者は書いています。けれど、私はそれだけではないと思います。沖縄戦は今でも続いています。戦争という形は終わったけれど、基地問題との闘い、本州の人々の沖縄に対する関心の低さ、理解度の低さとの闘いなど、沖縄の方々が心をふみにじられる思いをする機会は多くあります。これまで幾度となく辛い経験をされ、心苦しい言葉を浴びせられ、どんなに傷つくのかを体感しているからではないかと思います。この本ではメディアについても取り上げられていました。沖縄の出来事はほとんど報じられていませんが、その裏では様々なことが起こっています。沖縄の真の姿をメディアで報じることで理解も深まると思います。ただし、真の姿をそのまま伝えれば、です。正しくメッセージが伝われば、沖縄という視点から政治に興味を持つ人も増えると思います。『私を轢き殺してから行け！』。辺野古の埋め立てに反対している方が、ミキサー車の前で啖呵を切る。沖縄の海は現地の方々にとって最大の誇りであり、心の支えにもなっています。今すぐに辺野古の埋め立てが中止され、美しい海が続きますように。大事なことは、少しのことを知っただけで全てをわかりきったかのように意見を言うのではなく、現地の人の声、状況を知ろうとする姿勢を持ち続けることだと思いました。（『戦場ぬ止み　辺野古・高江からの祈り』を読んで）』

「沖縄に実際に住んでいる人の現状がわかりました。水道水や湧き水の汚染により九州の水を買っていることや、テレビの電波が乱れたり地震のように家が揺れたりするほどの爆音が毎日、時間を問わず響くことを知った時は、同じ日本だとは思えないと思いました。また、沖縄には多くの問題を抱えた人がいることがわかりました。沖縄に問題を抱えた人が多いのは、物価が高いうえに日本で最低賃金が最も低いことにも関わっているように感じます。家庭環境は人の常識や価値観に大きく関わると思うし、家庭の収入によって子どもが受けられる教育の水準も変わってしまいます。正しい知識を手に入れ、私たちの考えるような普通の職に就くためにはある程度の教育が必要不可欠だと思います。国が沖縄に基地を押しつけているような状況だからこそ、金銭的な支援も必要なのではないかと考えました。私たちはこの問題に対して、きっとどこかで他人事です。そして、自分事になってほしくないと願っています。けれど、だからこそ、自分事になってしまっている誰かのために、自分事にしないために、少しでも知ろうと、話そうとすることが大切なのではないでしょうか。簡単に解決できる問題ではないからこそ、いろいろな人が知り、考え、議論することが大切なのではないかと考えました。(『海をあげる』を読んで)

調べ学習とは違った、沖縄の人々が抱える苦悩の深さを知り、より強く平和への渇望を感じたのではないでしょうか。中学生の感性から学ぶことはとても多いです。そして、私たちも沖縄の歴史と今を継続して学ばなければならないと思います。中学生にも、どんどん良書を紹介したい。

佐藤学さん、渡辺豪さん、中沢秀夫さん、川満彰さん、謝花直美さん、伊波洋一さんから、私たちが知らない今の沖縄を伝える内容も含め、中学生の手紙に丁寧なお返事をいただきました。与那覇百合子さんや石野径一郎さんは家族の方が連絡をくださり、朝日新聞社の外園周二さんは新聞記者として伝える大切さも教えてくれました。また、八五歳の石川文洋さんが今も沖縄を取材し文章を書き続けていることを、直筆の手紙で知らせてくれました。中学生の理解が未熟であるにもかかわらず、中学生が沖縄に関心を持ち、少しでも自分に引きつけて考えようとしていることに、著者の方々も励まされ心を動かされたのかも知れません。まさに、中学生の特権です。

著者からの返信はその都度印刷して生徒に紹介しました。書かれた本の内容から沖縄を知ることはもちろん大切ですが、著者からの手紙は、著者自身の沖縄を大切に思う気持ちやひとりの大人としてどう生きているかということを、中学生に示してくれたように思います。本の著者、特に沖縄について発信している人たちは、沖縄の人々の声を代弁しながら、人権が大切にされる平和で民主的な社会をつくりたいと願い、本を書かれているのだと思います。著者からの返信は、中学生にとって自らが主権者としてどう生きるかを考える貴重な財産になるでしょう。このような関わりを通して、またひとつ中学生は成長していくものと信じています。

第4章

中学生と駐日外国大使館の交流

1 G7広島サミットを前に

◈中学三年生、四月の学級づくり

二〇二三年は四年ぶりの学級担任です。教員生活最後の中学三年生の担任となりました。定年の年と再任用の二年を含む三年間は、母親の介護もあって副担任でした。あまり役に立たない副担任だったでしょう。学級担任ではない寂しさをいつも感じていました。大変なことも多いですが、中学校の教師なら学級担任をしたいと思います。

四月は、担任する生徒たちに「今年はみんなで楽しい一年にしよう」と、伝えたいものです。歌をうたい、楽しいレクをたくさん行います。「行事も受験も力を合わせて全力でやろう。そして、みんなで成長しよう」と呼びかけます。新しい仲間と出会って間もない学期初めは、誰でも不安な気持ちです。同時に、生徒は「頑張りたい」という気持ちをそれぞれに持っています。それが中学生の魅力です。自分らしく成長しようとする中学生の姿を全身で感じながら、生徒に働きかけたい四月です。始業式の日、「今日の気持ち」という小さな一言書きに「佐々木先生が担任なので、いろいろな経験ができるような気がして楽しみ」と書いた生徒がいました。こんな生徒の気持ちに応え、楽しいことをいろいろやっていきたいと思うのです。

私は学級担任ですが、社会科教師でもあります。中学三年生では、戦争の歴史や公民で現代社会のしくみを学びます。二度と戦争を繰り返さないため、日本はどんな道を歩んできたのか、今起きている世の中の出来事も含めて考えさせたい。それが、平和で民主的な主権者を育てる道だと信じて実践してきました。「考える」とは、単に「知る」こととは違います。事実を「知り」、そこから自分で「考える」ことです。それには、「考える時間」も必要です。社会科の授業はもちろん、学級活動や道徳の時間も使いながら生徒と様々な時事問題を考えてきました。

二〇二三年、日本はＧ７の開催地となりました。五月、広島で先進七か国の首脳会議を開きます。被爆地広島にアメリカやイギリス、フランスなど核兵器保有国が集まります。日本も含めて核兵器禁止条約に背を向けている国々が、ロシアのウクライナ侵略で核使用の危険性が高まる世界の情勢をどう打開しようとしているのか、また、世界にどんなメッセージを発するのか、とても気になりました。核問題ばかりでなく、気候変動、人権保障、経済格差など、世界の課題は山積しています。先進国には、本当の意味でリーダーシップを発揮してほしいと思うのです。

◆Ｇ７の首脳に手紙を送ろう

そこで、私が得意とする「手紙大作戦」をしてみないかとクラスの生徒に提案しました。「手紙は届くのか」、「読んでもらえるのか」など不安な声もありましたが、「面白そう」、「やってみる価値はあると思う」などの意見もあり、最後は「行動しなければ何も生まれない」という私の意見に賛同を得て、日本以外のG7参加六か国の首脳に中学生の声を届けることにしました。四月当初はまだゆとりがある学級活動の時間を使って、班ごとに分担した国について調べました。生徒は、クロームブックで調べたり班の仲間と話し合ったりしながら、自分の手紙を作成したのです。ただ、六か国の首脳に手紙を送るといっても、バイデン大統領やスナク首相に直接手紙を届けることはできません。そこで、駐日アメリカ大使館（以下、駐日は省略）など六つの外国大使館に、その趣旨を添付した「中学生の手紙」をそれぞれの首脳に渡してもらえるよう依頼する手紙を送りました。かなり大胆な「手紙大作戦」です。でも、中学生という特権があるからできるのです。私も一生懸命に、以下のような依頼文を作成しました。

「新緑のまぶしい季節となりました。貴職におかれましては日本との友好のため、ますますご活躍のこととお慶び申し上げます。三年に及ぶコロナ禍での生活も落ち着きを見せ、海外との出入国もほぼ自由となり、国際交流が再び活発になってまいりました。心が躍る気持ちになります。貴大使館の職員の皆様には、五月中旬に先進七か国首脳会議（G7サミット）を控え、様々なご準備にお忙しい日々をお過ごしのこととお察しいたします。そのようななか、お手紙を差し上げますことは大変恐縮でありますが、なにとぞ最後までお読みいただき、私たちの希望を叶えていただけますようお願い申し上げます。

私は、埼玉県の公立中学校で三年生を担任しています。担当教科は社会科で、子どもたちには賢い主権者になってほしいと願い、日々の教育活動にあたっています。授業はもとより学級活動においても、いま日本や世界で起きている様々な出来事を取り上げ、子どもたちに考えさせようと試みています。先日は、日本が開催地となるG７サミットについて話しました。日本で開催され、先進国の首脳が来日する大きな機会なので、首脳の皆様に日本の中学生の声を伝えようと話し合いました。学級を六グループに分け、六か国の首脳宛にそれぞれが手紙を書きました。生徒たちが書いた手紙を、貴国の○○大統領（首相）に渡していただけないでしょうか。生徒たちは、世界的に優れている貴国の素晴らしさをあらためて知り、貴国の優れているところを世界に広め、世界の国々をリードしてほしいと願っております。そして、世界から差別や貧困、紛争や戦争がなくなり、地球に生きる誰もが安心して暮らすことができる世界にしてほしいと願っています。G７サミットがそのような会議の場になることを心から期待しています。

学校生活での制限は徐々に解除されてきましたが、まだ多くの生徒がマスクを着用し、対人関係を含め不安な気持ちを持ちながら生活する中学生です。拙い文章はお許しください。また、失礼な表現があるかも知れませんが、貴国や貴国首脳への信頼と、友好関係が続くことを願う気持ちに偽りはありません。どうか、生徒の手紙を、可能であればその内容を、貴国の○○大統領（首相）にお伝えしていただけますよう重ねてお願いいたします。

最後になりますが、これからも貴国と日本の末永い友好、そして世界の平和に貴職がますます活躍されますことをご祈念いたします」

生徒たちは真剣に手紙を書いていました。そんな子どもの姿に出会えるのも、教育という仕事の醍醐味だと思います。生徒の手紙をいくつか紹介します（一部抜粋）。

◈「大使館への手紙」に中学生が書いたこと

「私たちのクラスでは、今回のG７の会議に向けて会議に参加する国について、それぞれの国がどんなことに関して優れているのかをグループに分かれて調べました。私たちのグループはカナダについて調べました。カナダではプライドパレードに首相や企業、公的機関も参加していること、パスポートで性別『×』を選ぶことができるのを知り、とても驚きました。日本ではまだ男尊女卑の考えも強く、性的マイノリティーへの偏見もあり、これらは様々な課題の中で最も身近で重大な問題だと思っています。日本はジェンダーギャップ指数が先進国の中でとても低く、進むどころか後退しているように感じる政策も出されています。学校という教育現場でさえ性に関することについて問題を軽視したような発言もあり、日常の場で『差別されている』と感じることも多いです。当事者でない人たちにこの問題を重要視してもらうためには、どうしたらいいでしょうか。ちっぽけな私にできることは、あるでしょうか。教えていただけると幸いです。私自身もこのことについてよく考え、議論し、世界の差別を無くしていきたいと思います」

「マクロン大統領は四月五日から中国を訪れ、六日には習近平国家主席と会談したとお聞きしました。マクロン大統領はこの会談で習近平国家主席に、『ロシアに理性を取り戻し、すべての人を交渉のテーブルに着かせるためにあなたが頼りになる』と述べ、対立より協力をお選びになられました。私はこの世界からすべての戦争や紛争がなくなってほしいと考えています。ですから、このマクロン大統領の行動は本当に嬉しかったです。七つの国が集まるＧ７、ぜひ核兵器廃絶について考えてほしいです。二度と戦争をしない世界をつくってください」

「僕が思うフランスは、革命運動が起こった地ということもあり、市民と政治が一体化しているような気がします。日本では増税なども政府の思うままに行われ、日本人は高い税金で苦しむ一方で、フランスでは国民が政府に強く要求しています。そのおかげで、フランスの政治は国民の意見が強く反映したものになるのだと思います。また、フランスはアメリカ、ロシア、イギリスなどと共に核兵器を所有していますが、冷戦に戻らないように世界をまとめようとしています。自主独立の国、他の国に依存しない強い国だと思います。僕は、この世界を二度と冷戦の時代に戻らない、平和な世界になってほしいと思います。他国の上にも下にもつかない国を形成するべきだと考えています。そうすることで、世界はより平和に近づいていくのではないでしょうか。先進七か国がより平和な社会となり、気候問題や経済問題などの課題を議論し合い、ともに発展していくことを願っています」

「私はイギリスの優れているところは、医療費が無料だということと、高等学校までが義務教育であり無償で学べる権利があるところだと思います。日本では高校生以上の人には医療費がかかり、お金がなくて医者にかかれない人も少なくないと思います。高等学校にもたくさんのお金がかかり、行きたい高校に行けない人も少なくありません。お金の有無に関係なく、人は健康で、好きな学舎で学ぶべきだと考えます。G7の会議では、各国の優れているところが各国の発展していない部分を埋めるようなものになってほしいと思います。性別、人種に関係なく、全世界の誰もが過ごしやすくなる世界になっていくことを願っています」

「いまアメリカは、『人種のサラダボール』と呼ばれるように多民族国家です。その背景から、それぞれの文化的な違いを認めたうえで個性を重んじ、権利や主張、夢などをしっかり語る人が多い傾向にあります。しかし、世界的に見ればどうでしょうか。まだまだ身分や人種、宗教などで差別が存在しています。アメリカとは違い、差別思想が深く根付いている国もあるのです。私は、『〜色の人間』ではなく『人』として皆が平等な世界を望みます。一人一人が差別について正しい理解を示し、差別が行われない世界になるための行動を、リーダーであるバイデン大統領に起こしていただきたいと思い、手紙を書かせていただきました」

「私が考えたアメリカの良いところは、アメリカには様々な人種の人がいて、たくさんの文化や価値観に出会えるところだと思います。また、いろいろな個性が受け入れられることもアメリカの良さだと思います。日本ではみんなと同じ方がいいという考えを持っている人が多いので、アメリカのように『自分らしくあれる国』はとても素晴らしいと思います。次に、私は戦争のない平和な世界になってほしいと思っています。戦争を体験したことはないけれど、今までたくさんの戦争に関する話を聞きました。もう二度と戦争を起こしてはいけないと思います。そのために核兵器を廃絶することが世界の平和へつながると思います。核兵器のない世界をめざして、G7の会議で話し合ってほしいです」

「僕はドイツのことを調べました。調べてみて、ドイツが『脱原発を実現した』ということがとても凄いことだと思いました。なかなか踏み出すことが難しいこの難題を解決したのが、なんだかとても誇らしく思いました。また、自然エネルギーについても素晴らしいです。『二〇三五年以降、自然エネルギーがほぼ一〇〇%になる』というニュースを見ました。課題もあると思うのですが、なぜこのような方向に踏み出すことができたのか、聞いてみたいです」

「私は『ドイツが脱原発を完了した』というニュースを聞きました。私たちの国は、福島で原発による大きな事故が起きました。二度とこのようなことは起きてほしくないです。ですから、日本も脱原発の動きをもっと進めるべきです。原発事故によって辛い思いをした人たちや犠牲者を無駄にはできません。原発をなくすことは、持続可能な社会をつくる第一歩だと思うのです。私も世の中の課題に真剣に向き合いたいです」

中学三年生はなかなか凄いと思いました。外国大使館へ手紙を書くことは、中学一年生の世界地理を学ぶ授業でも行っています。ですが、文章力といい、その国をとらえる視点といい、二年前とは格段に違います。だてに中学校生活を送ってきたわけではありません。中学生が成長していることをまざまざと感じます。中学生の手紙はストレートです。道理に基づき、堂々と正論を主張します。

「この世に核のない、差別のない、全人類が共存して過ごせる平和を」、「性別、人種に関係なく、全世界の誰もが過ごしやすくなる世界に」、「この世界を二度と冷戦の時代に戻らない、平和な世界に」、「原発をなくすことは、持続可能な社会をつくる第一歩」と書いています。

中学生の言葉は、大人が忘れてはならない、しかし現実を知るほどに「それは無理ではないか」と諦めかけていた大切なことを呼び覚ましてくれます。私たちはどんな社会を求めていたのか、「中学生の手紙」がもう一度考えさせてくれるのです。中学生も、世界の国を調べ自分の意見をまとめることで、自分が暮らす日本という国の姿も重ねることになり、日本の社会にはたくさんの課題があることに気づいていきます。そのことが主権者意識にもつながっていくのではないでしょうか。本当は、岸田首相をはじめ、日本の政治家にこそ読んでほしい手紙です。

この手紙を、まず大使館の方々に読んでもらわなければなりません。パソコンの翻訳機能を使って英語に翻訳し、日本語で書いた直筆の手紙とセットにして郵送しました。手間のかかる作業ですが、やりがいを感じることなら苦になりません。教育の仕事とは、そういうものです。

◈ドイツ大使館から手紙が来た！

六つの大使館なら電話をかけて再度お願いすればよかったと、今さらですが後悔しています。

それほど、生徒の手紙を読んでほしいと思いました。しかし、勤務時間中の学校現場ではゆっくりトイレに行く時間さえ取れません。何しろ、「定額働かせ放題」が野放しのままなのですから。まして、言葉やこちらの思いがすぐには伝わらない外国大使館に、午後五時までに電話をかけることは至難の業です。だから、待つしかありませんでした。「果報は寝て待て」の心境です。

その手紙は忘れたころにやって来ました。六月中頃、修学旅行の準備で忙しくしていた頃です。職員室の私の机上に、ドイツ大使館から送られた封筒が置かれていたのです。そこには、ドイツ大使館が私たちの手紙に理解を示し、好奇心に満ち自立した人間を育てたいとする私の教育を応援したい旨が書かれていました。さらに、ドイツ大使館での交流の機会を設けてくれたのです。

驚きました。こんなことは初めてです。こちらからお願いして大使館を訪問させていただいたことはありますが、招かれたことはありません。すぐに、この喜びを学級通信に書きました。

「……みんなが書いた手紙を読んでくれた大使館の人たちがいたのですね。私たち一人一人の力は小さいですし、世の中を変えることは簡単なことではありません。ですが、何もしなければ何も始まりません。そして、行動すれば何かが生まれる可能性があるのです」

教師となって中学生と一緒に学習を積み重ね、様々な教育活動を経験するなかで、「何もしなければ何も始まらない。行動すれば何かが変わる」という思いは、私の信念のようなものになっています。八月の夏休み中に生徒七人とドイツ連邦共和国大使館を訪問することになったのです。

◈大使館訪問前の質問づくり

生徒が大使館に宛てた手紙には、主にドイツの脱原発政策に関する内容が多かったのですが、その話題だけではもったいないと思いました。せっかく大使館を訪問してドイツの外交官と話ができるのですから、生徒が聞いてみたいことを質問し、それに答えてもらいながら交流できたらと考えたのです。大使館を訪問する七人の生徒には、夏休み中にそれぞれが質問したいことをまとめてもらいました。ドイツ大使館に伝えると、こちらの提案を了承してくれたのです。生徒が考えた質問を紹介します（私もアドバイスしました）。

1．脱原発に関して

①「ドイツは、なぜ脱原発を決めたのですか」

②「これまでの放射性廃棄物はどのように処理しているのですか」

③「日本でも、脱原発は可能だと思いますか」

2．環境先進国のドイツに関して

①「風力や太陽光等のうちドイツでは何を中心に自然エネルギーの普及を目指していますか」

②「ドイツの学校で行われている環境教育の内容はどんなものですか」

3．第二次大戦後、ヨーロッパの中心となるドイツについて

①「ナチスの戦争犯罪とどう向き合い、行動してきたのですか」
②「失業率が低く経済が好調な残業も少ないドイツ社会はどのようにできたのですか」

4．核兵器をなくす取り組みについて

①「ＮＡＴＯ加盟国として日本と同じように核の傘にありながら、核兵器禁止条約の締約国会議にオブザーバーとして参加するドイツの思いや考えはどんなものですか」

5．国内にある外国軍基地に関して

①「日本にも米軍基地が七〇年以上あり続けていますが、抑止力という考え方のもと、ドイツではこれからもずっと自分の国に外国の軍隊を置き続けるという選択なのですか」

6．難民や移民に対する政策に関して

①「毎年、どれくらいの移民や難民を受け入れているのですか」
②「日本よりはるかに多くの難民や移民を受け入れているドイツですが、受け入れ反対の意

見に対してどのような考え方で対応しているのですか」

7．米中対立・競争の世界でのドイツが目指す方向に関して

①「米中対立が世界大戦に向かわないように、ドイツはどのような立場で国際協調の世界を目指しているのですか」

生徒たちとは、夏休み中に一度打ち合わせをしました。

◆ドイツ大使館を訪問

ドイツ連邦共和国大使館は、港区南麻布の閑静な場所にあります。案内された広く開放的な部屋では、大使館の方々が笑顔で対応してくれました。生徒が一人ずつ質問をする度に、丁寧に話をしてくれる皆さんに、生徒も私もとてもうれしい気持ちで一杯でした。

「ドイツは、なぜ脱原発を決めたのですか」という生徒が一番聞きたかった質問に対しては、お話を伺いながら、私は次のように理解しました。それは、ドイツが脱原発を決めた理由は安全面と環境面という二つの側面からであること。安全面とは、日本もそうですが、ドイツにもいまだに高レベル放射性廃棄物の処理場がないことで、福島原発事故が起きて国内での脱原発の議論が活発化したことです。放射性廃棄物の処理に関しては、ドイツにも最終処分場はないとのこ

とですが、中間貯蔵施設が一六か所あるそうです。最終処分場は住民に大きな影響を与えるので、科学的根拠を説明し住民の納得を得ながら二〇三一年までに候補地を見つける予定のようです。環境面とは、ドイツでも脱原発を決めるまでには時間がかかったそうですが、日本と違うのは、これまでに再生可能エネルギーの普及に取り組んできた背景があることです。もう火力発電も増やさないそうです。エネルギーの転換を図り、すでに六〇％を再生可能エネルギーで賄っている電力供給を、二〇三〇年までに八〇％まで達成することを目指していると知りました。

「ナチスの戦争犯罪と、どう向き合ってきたのですか」という質問に対して、この問題は、韓国や中国との関係を考える上でも、日本の戦争加害の事実に向き合う上でも大切なことなのですが、大使館の方のお話から、ドイツが、連合軍によるニュルンベルク裁判だけでなく、ドイツの社会全体が戦争の加害と向き合ってきたこと。それは、ドイツでは戦争の被害に遭った人々を追悼する施設やその記念日をつくり、記念日にその追悼場所へドイツ市民が行くことで、「過去を忘れない」姿勢を示してきたのだと理解しました。また、学校教育では歴史教育はもちろん、日常の教育活動でもナチスの犯罪としっかり向き合っていることも知りました。さらに、日本でも戦争体験を語れる方が少なくなりどう継承していくかが模索されていますが、ドイツでもこれから生き証人がいなくなったときに、過去の出来事をどう想起できるか様々な方策を確立しようと努力していることを知りました。

「移民の受け入れに反対の意見を持っている人たちに、どう対応しているのですか」という織細な質問に対してのお話からは、二〇二二年現在でドイツに住む移民や難民は二〇〇〇万人以上になったこと。それは、国民の四分の一にもなることを知り、日本との違いに驚きました。なぜそんなにドイツに移民が来るのかと言えば、ドイツの人道主義を頼りにしていて、亡命申請してきた人が三〇〇万人（一〇〇万人がウクライナ人）を超えるからだと知りました。また、ドイツが長年にわたり移民政策をとってきたのは、移民がドイツに来る理由や求めていることを考えるからで、ドイツとしても労働力として貢献してくれることを歓迎しているからだそうです。新しい人たちをどう受け入れるか、そのニーズにどう応えるか、いつも考えているドイツは素晴らしいと思いました。そんなドイツでも、受け入れ反対の声もあり、それらの反対や偏見に対しては、啓発や情報発信に努め、様々な人々と議論しながらすべての人が互いにリスペクトして生きていける社会を作っていきたいと考えています。私たちも見習わなければならないことが多くあるのではないかとつくづく思いました。

ドイツ大使館での説明を聞きながら、外国人技能実習生の劣悪な労働条件や入管施設での人権問題が指摘されている日本のことが重なりました。もしドイツにある日本大使館でドイツの子どもたちに、「原発や温暖化にどう対応していくのですか」、「戦争とどう向き合ってきましたか」、「移民問題にどう対応していますか」等と、今回と同じような質問をされたら、日本大使館では何と答えるのだろうかと考えると、両国のあまりの違いに私は羨ましさと共に悲しい気持ちにさえなりました。大使館を訪問した中学生はどんなことを感じたでしょうか。大使館へのお礼の手紙（一部抜粋）に、生徒は次のようなことを書いています。

「先日のお話を聞いて一番感じたことは、日本が遅れているということです。ジェンダー平等も森や海などの自然を守る取り組みも、日本は他国に比べて進んでいません。本当に先進国といえるのでしょうか。日本がドイツのように良くなる方策を、私も考えていきたいと思いました」

「今でも過去の戦争犯罪に反省を続けていることを知り、自分たちの国がやってしまったことをきちんと受け止め、良い方向に変えていこうとしていることがすごいと思いました」

「僕の質問にしっかり答えていただき、とてもうれしかったです。お話を聞いて、自分たちに何ができるのか考えました。僕たち若者が原爆の怖さを伝えていくことで、核兵器廃絶につながっていくと思いました。しっかり学んで、行動していきたいです」

「課題に対してまっすぐなドイツの行動力が素晴らしいと思いました。そして、世界は広く、私はまだ何も知らないんだなと思いました。他国のことを知ることで視野が広くなり、人の輪も広がると思いました。そして、仲良くなったら行動を起こして変化する。このような動きが世界には必要だと思います」

日本の若者に期待したいと思いました。ドイツなど日本とも重なる先進国の社会の様子を当事国の人から聞き、「日本は他国に比べて遅れている」と感じた生徒たちです。ドイツが、「ジェンダー平等や自然を守る取り組み」を進め、「過去の戦争犯罪に反省を続けている」ことを知り、日本はどうなのかと考えます。そして、「良くなる方策を、私も考えていきたい」、「（核兵器廃絶のために）しっかり学んで、行動していきたい」、「行動を起こして変化する」と、主権者としての意識を育んでいるのではないかと思ったからです。

ドイツ大使館では、かつてドイツを東西に隔てた「ベルリンの壁」のかけらを見せていただき、ドイツ伝統のパン「プレッツェル」もご馳走になりました。

ドイツという国が、子ども、人種、民族、性別等にかかわらず、すべての人が互いにリスペクトして生きていける社会を作っていこうとしていることを、今日の私たちへの誠実で心温まる対応からつくづく肌で感じる訪問となりました。

2 ガーナ大使館への手紙から

◆ガーナの「カカオ農園で働く子ども」の授業

このような「中学生と外国大使館を結びつける教育活動」に初めて取り組んだのは、二〇〇六年のガーナ大使館への手紙でした。今から二〇年近くも前になりますが、なぜガーナ大使館へ手紙を送ったのか、その時の教育活動を紹介します。

社会科授業の教材研究では、まず関心を持ったテーマの本を読むことにしています。この時は、中学一年生で行うアフリカ学習の前に、石弘之さん『子どもたちのアフリカ〈忘れられた大陸〉に希望の架け橋を』（岩波書店）を読みました。不勉強だった私の知らないことがたくさん書かれていました。当時のアフリカには親をエイズで亡くした子ども、少年兵、子どもの奴隷売買などの問題があり、その数の膨大さにも圧倒されましたが、過酷な子どもの実態は目を覆うばかりでした。日本と、何と大きな格差があるのだろうと思わずにはいられません。一度かぎりの命を、貧困と隷属、恐怖と屈辱のなかで終えなければならないのなら、「生きるとは何か」を問い返さずにはいられませんでした。このアフリカの現実の一端でも、同時代を生きる生徒に伝えたい。そして、私たちにできることは何か、ともに考えてみたいと思ったのです。

日本の中学生も大好きな「チョコレート」から、アフリカの国々が抱える課題や、アフリカの国々と日本も含めた先進国との格差の問題、その解決の糸口を考えてみたいと思いました。前述の本からカカオの収穫に児童労働が行われていることを知り、児童労働の解決のため活動しているＮＧＯ「フリー・ザ・チルドレン」日本代表の中島早苗さんに問い合わせました。中島さんからは児童労働に関する資料の他に、フジテレビが制作・放映した「世界が一〇〇人の村だったら」のビデオをお借りしました。番組では、ガーナのカカオ農園で学校に通うことなく一日中働く子どもたちの様子が、特に二人の兄弟を中心に映されています。朝五時から水くみやカカオの収穫をする二人の兄弟の姿に、弟に文字や計算を教えるお兄さんの健気な様子に、涙を浮かべる生徒がいました。視聴後、生徒は「同じ子どもなのに、ガーナの子どもはなぜ働かなければいけないの」「私たちと同じように、彼らも学校に行って勉強ができるようになってほしい」「大変な中でも、夢を持って生きている兄弟はすごい」「私たちにできることはないのか」「彼らにチョコレートや文房具を送ってあげたい」等と感想を書いています。学校に行きたくても行けず、家族のために懸命に働くガーナの子どもたちの姿を見て、生徒は大きく心を揺さぶられたのでしょう。これを学習の入り口にして、ガーナの授業を行いました。

授業では、先の番組の感想を出し合った後、私が用意したプリント（カカオ農園での児童労働の様子、カカオ農園だけでない児童労働、カカオ生産国の基本データ）を読み、生徒に三つの問いを考えさせます。

一つは、「ガーナの子どもたちは、学校にも行けず働き続けなければならないほど、なぜ貧しいのか」です。生徒からは、「国が外国に借金をしていて貧しい」「かつての植民地支配のため、産業が育っていない」「干ばつで農業ができなくなっている」などの意見が出ました。

二つめは、「では、貧しいとカカオ農園はなぜ子どもを働かせるのか」です。「子どもの方が給料を安くできる」「子どもは長い時間働かせても文句が言えない」などの意見が出ました。では、アフリカのカカオ生産国が欧米や日本などの先進国で大人気のチョコレートの原料であるカカオをたくさん生産しているのになぜ豊かになれないかを、生産国の「先進国が本当に児童労働をなくしたいと思っているなら、先進国の企業はカカオを今の一〇倍以上の価格で買い取る必要がある」という言葉を紹介して考えさせました。さらに、不公平な貿易のしくみとフェアトレードの取り組みも説明します。

そして、三つめに「どうすればガーナの子どもたちは学校に通うことができるようになるだろう」と問います。生徒は「子どもが働くことを禁止する法律をつくる」「カカオ農園の中に学校をつくって、働きながら勉強もできるようにする」「政府がお金を出して貧しい子どもも学校に通えるようにする」「公平な貿易をして、アフリカの国が豊かになれるようにする」などと考えたのです。最後に、「では、私たちにできることは何か」と一人一人に書いてもらいました。

◆私たちにできることは何だろう

「ガーナの子どもたちのこと、学校へも行けず働いている子どもたちの現状をみんなに伝えて、募金などに協力してもらう」「募金を集めて、そのお金でガーナの子どもたちにチョコレートを送りたい」「一生懸命働いている子どものことを世界中の人に伝えること」「多くの人にフェアトレードやアフリカで働く子どものことを伝えたい」「フェアトレードの商品を他の店でも販売してもらえるように呼びかける」「先進国の企業に植民地支配のようなことをしないよう働きかける」「チョコレートをたくさん買う」「カカオ農園で働く子どもたちが勇気や力を持てるように手紙を書きたい」「よい案を考えて大使館の人に伝えたい」「一〇〇億円もの日本の援助がきちんと届いているか確認する」「ガーナに日本の技術を伝えたらどうか」「日本や世界がもっと真剣に動いて、学校に行けない子どもたちを助けてほしい」などと、生徒はさまざまなことを書いたのです。生徒が考えたことや疑問に思ったことを基にして、ガーナの子どもたちや児童労働、フェアトレードなどについてもっと深く知り私たちにできることはないかを考えるために、以下の七つの人々に手紙を出すことにしました。生徒は、自分が最も関心のあるところに手紙を書きました。

七つの宛先は、

①「ユニセフ」（子どもの労働について）
②「フリー・ザ・チルドレン」（子どもの労働について）
③「ロッテ」（カカオの輸入について、児童労働の有無）
④チョコレートの「フェアトレード会社」（フェアトレード商品を扱う理由）
⑤「イオン」（フェアトレードの見通し）
⑥「日本政府」（番組に当時自民党幹事長だった安倍氏が出演していて、日本の援助について語っていた）
⑦「ガーナ大使館」（カカオ農園で働く子ども、国の対策、日本への要望など）

ガーナ大使館には、生徒は次のようなことを書きました（一部抜粋）。

「ビデオを見て思ったことは、ご飯もおなかいっぱいもらえないのに、なぜガーナの子どもたちは朝から晩まで働かなくてはいけないのだろう。幼い子どもが親のため、自分の生活のために働いているのはかわいそうだと思いました」

「カカオ農園などで働いている子どももしっかり学校へ行き、知識を身につけないといけないと思います。日本の子どもは『夢がない』人もいるけど、カカオ農園で働いている子どもたちは一人一人夢を持っていてすごいなあと思いました」

「私たちは食事をすることができて、学校に行くのが当たり前なのに、アフリカの子どもたちにはこれらのことができない子どもが多くて、すごく悲しいと思いました。日本が援助したお金はどのように使われているのですか」

「私はこれから、アフリカの子どもたちのために募金活動や、着れなくなった服、ボールペンや鉛筆などを援助したいと思いました。そして、世界から児童労働をなくして平和な世界にしたいと思っています」

「私は児童労働をなくすためには、フェアトレードをおこなうことや、ガーナの法律を見直すこと、世界がもっと真剣に動いて児童労働をなくすことが必要だと思いました。今ガーナではどのような対策をとっていますか。日本への要望や私たち中学生にできることはありますか」

中学一年生は、「ガーナの子どもたちがかわいそう」という感情から出発し、「日本が援助したお金はどう使われているか」、「募金や援助をしたい」、「フェアトレードや法律を見直す」など、どうすれば解決できるか考えようとしていました。

◆ガーナ大使からの返信

「日本政府」以外のすべての人々から返信がありました。この時、ガーナ大使館からは大使直筆の手紙が送られてきたのですが、驚いたことにその手紙には大使が中学校を訪問しガーナの子どもについて直接話したいとも書いてあったのです。その手紙は以下のようなものです。

「お手紙ありがとうございました。駐日ガーナ大使として、皆さんがガーナに関心を持ち大使館にお手紙をくださったことをとてもうれしく思っています。

お手紙を読んで、皆さんがテレビ番組で報道された『カカオ農場で働く子どもたちの様子』に心配なさっていることがわかりました。児童労働は、世界的に、特に発展途上国では最も深刻な問題のひとつであることは事実ですし、残念ながらガーナでも地域によって同様な問題を抱えているところがあるかも知れません。しかしながら、私たちは番組の映像がすべて真実ではないと思っていることを、皆さんに知っていただきたいと思います。私たちも大使館でこの番組を見て、放映したテレビ局に、真実と異なる部分は訂正してほしいとの要請を出しております。

皆さんもご存知の通り、カカオはガーナにとって最も重要な産業です。カカオの生産量は世界で二番目に多く、その高品質は世界でも有名です。日本に現在輸入されているカカオの七〇%はガーナ産です。他の国が大規模なプランテーション農業でカカオを生産している一方、ガーナのカカオは小規模な家族農場で丹精込めて生産されています。番組で報道されたような、子どもがカカオの木に登って収穫することはあり得ません。日本でも、リンゴやその他の果物を栽培している農場で木に登って収穫することはないでしょう。なぜなら、木を痛めてしまうからです。

皆さんにこうした事実をお伝えしたかったのは、日本ではアフリカといえばマイナスな面のみを報道されることが多く、誇張された報道も時たま見られるからです。

しかし、ガーナの教育事情が現在、我々が理想としているものではないことも事実です。家族の経済的理由のために学校に通えない子どもたちもたくさんいます。教室の数も十分ではなく、改修の必要な校舎もかなりあります。

私は、十分な教育を受けられないガーナの子どもたちを支援しようという皆さんの志に、深く感動いたしました。これからの皆さんの支援活動に対して、大使館としてもできる限りお手伝いをさせていただきたいと思っています。また、予定が合えば、御校を訪問させていただいて、皆さんにガーナやガーナの子どもたちのことをもっとよく理解していただけるよう、お話ししたいと思います。

皆さんからのお手紙と、ガーナに対するご支援に改めて御礼申し上げます」

日本の中学生の、素朴で、しかし未熟とも思われる質問に対して、中学生を尊重し、誠実に応えようとする大使の手紙でした。子どもの声に丁寧に応える外国大使館や企業、ＮＧＯなど大人社会の対応を思う時、日本の政府は、仮に首相が忙しくて無理だとしても、だれか担当者が返事を書いてくれてもいいのではないかと思ってしまうのは、私だけでしょうか。

◈ガーナ大使がやって来た！

そして、「ガーナ大使訪問」となったわけです。当日、公用車で秘書や書記官と共にやって来た大使一行を、生徒たちはロックソーラン節を踊って出迎えました。ガーナ大使は、カカオ農園のこと、働く子どものこと、ガーナの学校の様子などについて約四〇分にわたって英語（秘書の方が同時通訳しながら）で講演し、また、生徒の質問にはすべて笑顔で答えました。ガーナ大使の話を聞いた生徒は、次のように感想を書いています（一部抜粋）。

「思ったことは、働くガーナの子どもたちについてです。テレビ番組では子どもたちが木に登って収穫していましたが、大使はそんなことはあり得ないと話していました。どうなんだろうと疑問に思いました。でも、ガーナの子どもたちの中には学校へ行っていない子どももいるようです。学校へ行けばたくさん勉強できるし、夢なども見つけられると思います。私もガーナの子どもたちを支援できたらと思いました」

「大使の話を聞いて、テレビとは違う部分もあると知りました。学校にもたくさんの子どもが通っていることもわかりました。でも、ガーナではカカオがチョコレートになることを知らない人も多く、驚きました。日本とは昔から仲が良いと知り、良いことだと思いました。私たちの国も含めて世界がカカオを買う値段をもう少し高くすれば、ガーナの人も安心できるのではないかと思います。日本ではあたり前にできることがガーナであたり前でないのは、すべて戦争が原因ではないかと思います。すべての国が平和になり、互いの国が友好を深めればいいと感じました」

「ガーナ大使は硬い人かなと思ったら、意外に明るくて、ジョークを交えて話したのでびっくりした。いろんなことを話してくれて、とても勉強になった。『世界の人たちは、皆で仲良く協力し合って生活することが大切』と言っていたので、そのような人類を築けたら戦争もなく平和な世界で暮らせるのにと、少し悲しい気持ちになってしまった。いろんな生徒が質問することに笑顔で快く答えてくれたガーナ大使が、とても大きく見えた。大使の話を聞くことができて、とても良かった。ガーナの事をたくさん知れてうれしかった」

外国大使は特別な存在ですが、当事国や当事者から直接話を聞くことには相応の説得力があり、本で調べたり授業で聞いたりしたのとは違って、何か真実に迫るように感じたのかも知れません。リテラシーという意味からは、支援に奔走するＮＧＯの話なども併せて聞くと、多方面から事実をとらえることができると思います。

しかし、子どもたちに笑顔で答える大使の姿から、「ガーナ大使がとても大きく見えた」と書いた生徒がいました。大使の手紙にあった「日本ではアフリカといえばマイナスな面のみを報道されることが多く」と懸念するマイナスのイメージを変えることになったのではないでしょうか。ガーナの子どもやその未来について、日本の中学生に誠実に伝えようとするガーナ大使の姿に、心を打たれたのかも知れません。自分の持っている限られた知識や、時には無知からくる偏見を乗り越えさせるものは、相手と直接会って話をしたり交流したりすることなのではないかと、あらためて思いました。そのような相手との心が触れ合う交流を通して、自分とは違う暮らしをしているけれども、世界に住む誰もが課題や困難を抱えつつも日々よりよく生きようとしていることに、単なる「かわいそう」という気持ちを超えた、相手に対する理解や共感や尊重という気持ちが生まれるのではないでしょうか。そして、大使が話した「世界の人たちは、皆で仲良く協力し合って生活することが大切」という言葉を受けて、「そのような人類を築けたら戦争もなく平和な世界で暮らせるのに」と、心から願うのだと思います。「共に生きるとは、どういうことか」について考えを深めた「ガーナ大使との交流」でした。

私はこの体験から、中学一年生の地理学習で「世界の国調べと大使館への手紙」の教育活動を積極的に行っていくようになりました。

3　世界の国調べと大使館への手紙

◈夢のある、楽しい教育活動を

中学校で、長期休暇の課題はどのようなものがいいのでしょうか。前学期の復習ワークが定番ですが、長期休暇ならではの調べ学習や聞き取り調査などはどうでしょうか。中学一年生の夏休みは、一学期に初めて世界の国々や様々な気候の下で暮らす人々の様子を学んだ生徒が、世界の国について自分で調べ、新聞にまとめることを通して世界各地の人々に関心を持てるようにする課題に挑戦させたいと考えました。

中学一年生の夏休みにおこなう「世界の国調べ」とまとめ新聞づくり、そして新聞の発表会と「大使館への手紙」の学習活動について紹介します。生徒は、自分が調べた世界の国について、その国の人たちと少しでもつながることができれば、より一層世界の国や社会との関わりに興味を持つことができます。大使館の人たちから返信をもらえたら、うれしいという喜びの感情だけでなく、世界の国の人が反応してくれて何か誇らしい気持ちになることさえあります。さらに、大使館から「中学校を訪問して、生徒たちと直に交流したい」という願ってもない申し出を受けることもあります（これまでに、ガーナ大使、コスタリカ大使、ヨルダン参事官、韓国大使館の四人の外交官、UAE大使、イラン大使館の外交官等の訪問がありました)。生徒の世界観が広がり夢のある学習になるかもしれない「大使館への手紙」に挑戦してみることは、それ自体とても楽しい教育活動です。生徒と一緒に、楽しい学校を作っていきたいものです。

◆「世界の国調べ」と新聞づくり

夏休みに入る前に、生徒に次のような内容をプリントした課題を提示します。図書室で調べたい国の本を探したり、実際に調べたりすることも大切です。また、この学習を積み重ねていけば過去の生徒の作品(複写して残しておいたもの)を見せてイメージを持たせることもできます。

夏休みの課題は「世界の国新聞」を作ることと告げ、「自分が新聞記者になったつもりでその国を紹介しよう」と話します。そして、プリントに沿って以下のようなガイダンスを行います。

①あなたが調べたい国を一つ決めます。その国を紹介する新聞を所定の用紙(B4サイズのファックス原紙)に作成しましょう。

②新聞の題となるテーマを決めます。例えば、「軍隊を捨てた国、コスタリカ」、「ジェンダー平等な国、デンマーク」、「一四億人の食を満たす国、中華人民共和国」、「地球温暖化と向き合う国、ツバル」、「人種差別を乗り越えた国、南アフリカ共和国」などです。テーマを考えるのは、その国のどんな点に関心があるのか、知りたいのかをはっきりさせることで関心の

ある事を中心に深く調べたり考えたりできるからです。

③どんなことを紹介するか、その内容が大切です。その国の優れていること、誇れること、他の国ではあまりない珍しいこと、人々が楽しんでいること、人々が苦労していること、頑張っていること、その国の課題などを紹介しましょう。

④いろいろ調べたら、紹介する内容を四つから六つ程度にしぼります。それぞれの内容について、深く掘り下げて（どうしてそうなのか）記事を書きましょう。

⑤新聞の書き方は、全体を二〜四段（三段が書きやすい）に分け、記事を紹介する「小見出し」をつけるといいでしょう。イラストや絵、図や表などを入れて見やすくまとめましょう。写真などのコピーを使う場合は、三つ以内にします。新聞の最初に「その国を調べようと思った理由」について書きます。新聞の最後に「調べてみて、あなたが考えたこと」を必ず書きましょう。黒ペンで書くことを基本とし文字の太さ、色ペンの使用などは工夫してください。

⑥調べ方は、図書室や図書館の本でさがしたり、インターネットで資料を集めたりしましょう。

生徒の中からは、「えー、大変そう」という声も聞かれますが、「フランスについて調べてみたい」とか、「私は、調べ学習が好きです」という声も聞こえてきます。それらの声に励まされながら毎回続けてきました。

ガーナ共和国 しあわせへのチョコレート

ガーナの歴史

その1　ヨーロッパ人ガーナに来る

1471年ポルトガル人ガーナ沿岸到着
ポルトガル人の目的は「金」を買いとることで、ガーナ側は布や金属商品、ビーズなど、そして、多数の奴隷(ベナンやコンゴ)を買いました。同じ黒人同士なのに、驚きです。

その2　アサンティ王国

ガーナには数多くの王国があったようで、アサンティ王国、デンチラ王国、アダンシ王国などがありました。

その3　イギリスとの戦い

1820年ごろまではイギリスと良好でしたが、イギリス人に仕えていたファンティ人がアサンティ商人との口論で1821年に戦争が開始されてしまいました。1824年にイギリス総督マッカーシー戦死。
1826年ドドワとの戦いで初めて、アサンティ王国が敗北。イギリスが軍事介入しました。1844年イギリスの司法原理を取り入れることになりました。

その4　植民地下のガーナ

1879年　カカオの生産を始め、カカオは1度育てると30年は実がなり続けるため、安定した収入が得られます。

その5　ガーナ独立

1940年代後半物価の上昇、失業者の増大から独立運動が高まる。1957年ガーナ独立。

その6　ガーナ独立からその後

やっと国内は安定していきます。1979年総選挙後、政府は軍人解任をしました。しかし、1981年カカオ生産者価格3倍になり、国際価格は変わらないため赤字になってしまいました。1983年経済に対する各種規制廃止、政府系企業縮小によってカカオの価格が安定しました。

(1966年・1972年・1981年にクーデターが起こりました。

※クーデター……武力を使って政権をうばいとること。革命。

首都：アクラ
人口：1841万人
面積：24万km
言語：ポルトガル語

調べようと思った理由

私が週に2、3回食べるチョコレートの箱には、ロッテガーナチョコレートと書いてあります。そのガーナにたくさんの疑問と興味をもちました。また先生にチョコレートの原料は子どもがとっていると聞いたのでどういう国だろう？と調べたくなりました。

チョコレート

チョコレートの原料のカカオは赤道近くの高温多湿な地域で栽培されています。そのカカオ生産地では農薬の使用や森林の伐採などにより生態系や環境が破壊されたり地域の子どもたちが学校に行けず危険な労働を行っていたり、さまざまな問題が起きています。ガーナを含む西アフリカ4カ国で、カカオ農園で数十万人の子どもが働き、そのうちの64%が14歳以下であることが分かりました。

数十万人のうちの働き率

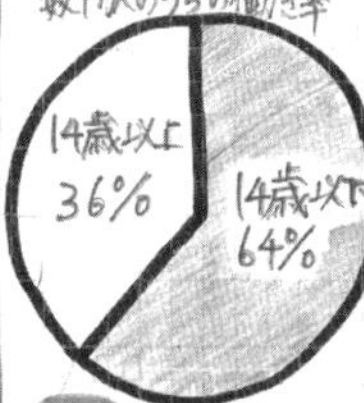

5個ずつ並んだカカオ豆が見える。この豆がチョコレートやココアの原料となる。

この中に20〜60粒の種子であるカカオ豆が入っている。

School

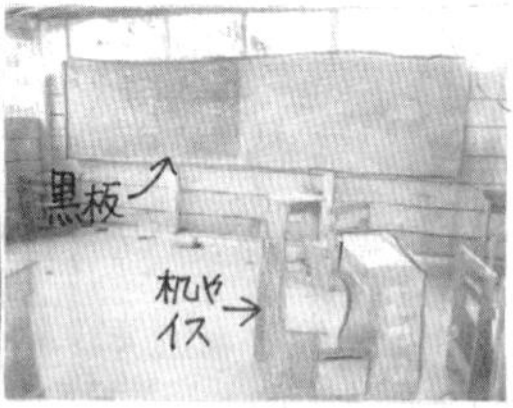

この教室は、ガーナの小学1年生の教室です。2、3年生になると、もう少しかべが厚くなったりします。私が通っている大石中と比べると、ガーナの方が貧しいように思います。この写真を見て、私が使っている机やイス黒板など、大切に使おうと思いました。

思ったこと・感想

私は、ガーナを調べて思ったことは、チョコレートの原料が作れる国なのに貧しい国だ、ということです。また、チョコレート生産のために働いている人の64%が14歳以下というのを聞いておどろきました。チョコレートはおいしい、その影には、たくさんの努力と困難があるのだなと思いました。そして、新しい学校を作るユニセフに自主的に取り組んで行こうと思いました。

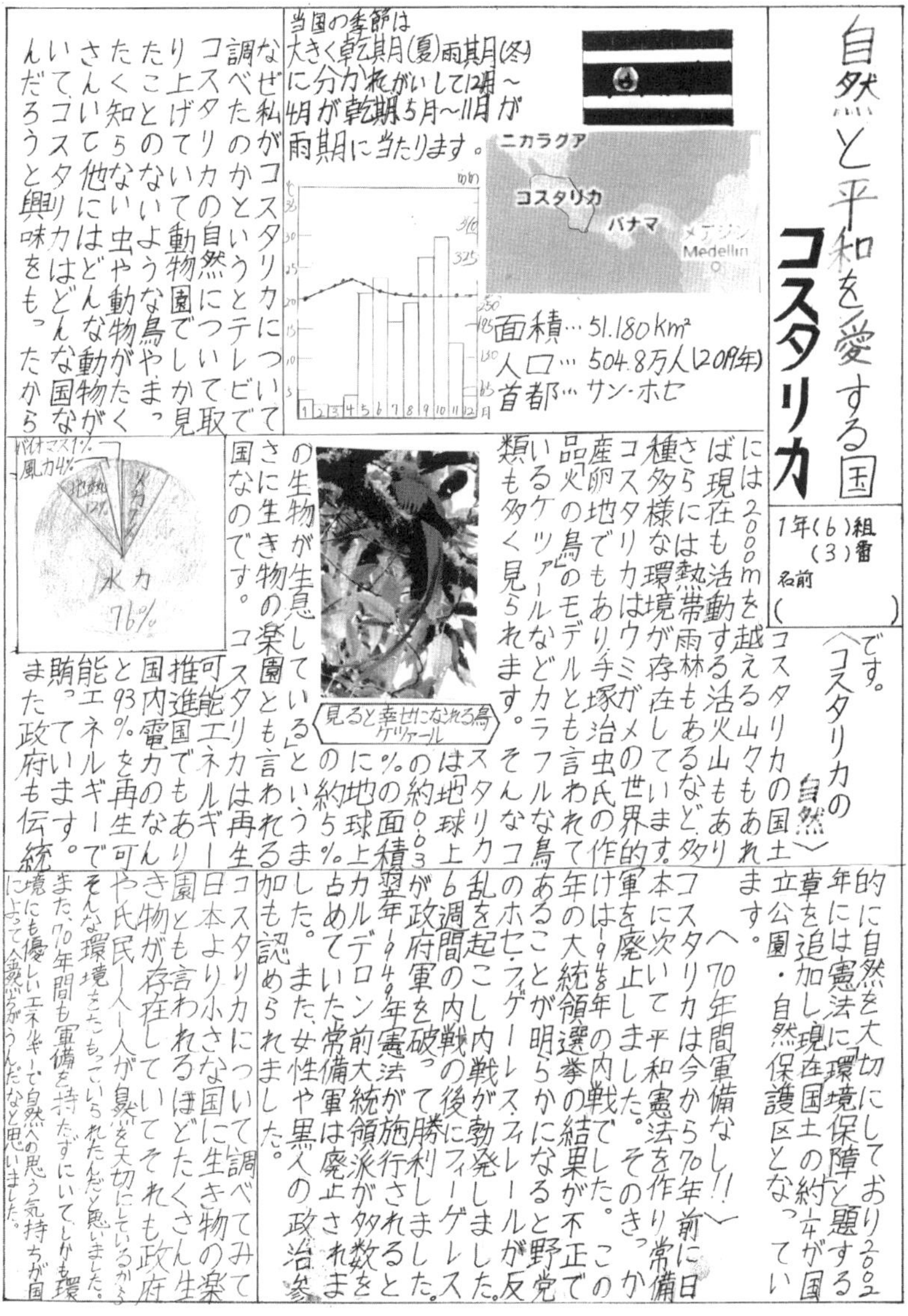

自然と平和を愛する国 コスタリカ

1年（6）組（3）番
名前（　　　　）

なぜ私がコスタリカについて調べたのかというとテレビでコスタリカの自然について取り上げていて動物園でしか見たことのないような鳥やまったく知らない虫や動物がたくさんいて他にはどんな動物がいて、コスタリカはどんな国なんだろうと興味をもったからです。

当国の季節は大きく乾期（夏）雨期（冬）に分かれだいたい12月～4月が乾期5月～11月が雨期に当たります。

面積…51.180km²
人口…504.8万人（2019年）
首都…サン・ホセ

〈コスタリカの自然〉
コスタリカの国土には2000mを越える山々もあれば現在も活動する活火山もあり、さらには熱帯雨林もあるなど、多種多様な環境が存在しています。コスタリカはウミガメの世界的産卵地でもあり、手塚治虫氏の作品「火の鳥」のモデルとも言われているケツァールなどカラフルな鳥類も多く見られます。そんなコスタリカは「地球上の約0.03%の面積に地球上の約5%の生物が生息している」というまさに生き物の楽園とも言われる国なのです。コスタリカは再生可能エネルギー推進国でもあり国内電力のなんと93%を再生可能エネルギーで賄っています。また政府も伝統的に自然を大切にしており2002年には憲法に「環境保障」と題する章を追加し現在国土の約1/4が国立公園・自然保護区となっています。

見ると幸せになれる鳥 ケツァール

〈70年間軍備なし!!〉
コスタリカは今から70年前に日本に次いで平和憲法を作り常備軍を廃止しました。そのきっかけは1948年の内戦でした。この年の大統領選挙の結果が不正であることが明らかになると野党のホセ・フィゲーレス・フィレールが反乱を起こし内戦が勃発しました。6週間の内戦の後にフィゲレスが政府軍を破って勝利しました。翌年1949年憲法が施行されるとカルデロン前大統領派が多数を占めていた常備軍は廃止されました。また、女性や黒人の政治参加も認められました。

コスタリカについて調べてみて日本より小さな国に生き物の楽園とも言われるほどたくさん生き物が存在していてそれも政府や氏民一人一人が自然を大切にしているからそんな環境をたもっていられたんだと思いました。また、70年間も軍備を持たずにいてしかも環境にも優しいエネルギーで自然への思う気持ちが国によって全然ちがうんだなと思いました。

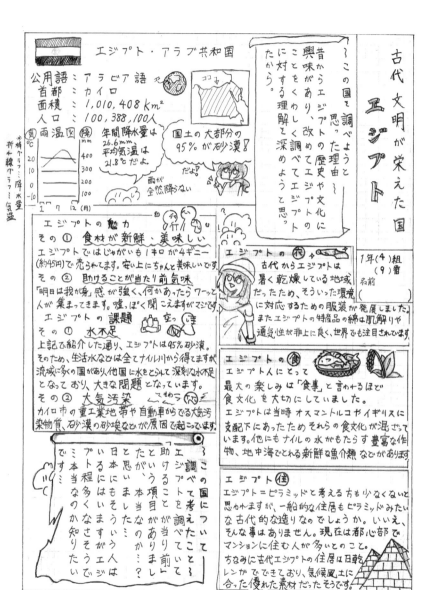

古代文明が栄えた国 エジプト

〜この国を調べようと思った理由〜
昔からエジプトの歴史や文化に興味があり、改めてエジプトのことをくわしく調べてエジプトに対する理解を深めようと思ったから。

1年(4)組
(9)番
名前
(　　　　)

エジプト・アラブ共和国

公用語：アラビア語
首都：カイロ
面積：1,010,408 km^2
人口：100,388,100人

雨温図

※棒グラフ：降水量
折れ線グラフ：気温

年間降水量は26.6mm、平均気温は21.8℃だよ。

国土の大部分の95%が砂漠!

だよ!

雨が全然降らない

エジプトの魅力

その① 食材が新鮮・美味しい
エジプトではじゃがいも1キロが4ギニー(約45円)で売られてます。安い上にちゃんと美味しいです。

その② 助けることが当たり前気味
「明日は我が身」感が強く、何かあったらワーッと人が集まってきます。嘘っぽく聞こえますがマジです。

エジプトの課題

その① 水不足
上記で紹介した通り、エジプトは95%砂漠。そのため、生活水などは全てナイル川から得てますが流域に多くの国があり、他国に水をとられて深刻な水不足となっており、大きな問題となっています。

その② 大気汚染
カイロ市の重工業地帯や自動車からでる大気汚染物質、砂漠の砂埃などが原因で起こっています。

エジプトの衣

古代からエジプトは暑く乾燥している地域だったため、そういった環境に対応するための服装が発展しました。またエジプトの特産品の綿は肌触りや通気性が非常に良く、世界でも注目されています。

エジプトの食

エジプト人にとって最大の楽しみは「食事」と言われるほど食文化を大切にしていました。
エジプトは当時オスマントルコやイギリスに支配下にあったためそれらの食文化が混ざっています。他にもナイルの水がもたらす豊富な作物、地中海でとれる新鮮な魚介類などがあります。

エジプト住

エジプト＝ピラミッドと考える方も少なくないと思われますが、一般的な住居もピラミッドみたいな古代的な造りなのでしょうか。いいえ、そんな事はありません。現在は都心部でマンションに住む人が多いとのこと。
ちなみに古代エジプトの住居は日乾レンガでできており、気候風土に合った優れた素材だったそうです。

〜この国について調べて考えたこと〜

エジプトを調べていて助けることが当たり前ということが項目がありましたが、本当なのか…?と思いました…日本にもそういう人はいるにはいますがエジプト程多くなさそうでミ本当なのか知りたいですミ

幸せの国 ブータン

1年（4）組
（25）番
名前
（　　　　）

ブータンの国旗
黄…王家の権威
オレンジ…チベット仏教への信仰
白龍…王家の守護神
宝石…富

ブータンのことを調べた理由

以前、図書館で、ブータンのことが載っていた本を借りたことがあり、それがきっかけでブータンに興味をもち、調べてみたいと思ったからです。

ブータンとは？

みなさんは、『ブータン』という国をご存じでしょうか。ブータンは、中国の南西に位置する、小さな国です。

- 人口→76.5万人（高知県と同）
- 人口密度→18.2人（km²）（日本の1/20）
- 面積→38.394km²（九州と同）
- 首都→ティンプー（人口10万人）
- 宗教→仏教（チベットより伝来）
- 気候→亜熱帯性，モンスーン，高山気候
- 言語→ゾンカ語

ブータンの衣・食・住

次に、ブータンの人々の衣・食・住について紹介します。

- 衣装：男『ゴ』　女『キラ』
- 食事：
  - 主食→米（赤米《あかごめ》）
  - 肉類→牛，豚，鶏，魚
  - お茶→スジャ（バターティー）ガジャ（ミルクティー）
- 住居：木造建築，白壁，三階 ← ブータン様式

ブータンの料理には、唐辛子が多く使われる！

民族衣装「ゴ」

ブータン料理「エマ・ダツィ」

ブータンのお茶「スジャ」

ブータンの伝統的な家「ブータン様式の家」

ブータンの『良さ』『課題』とは？

さて、これまで紹介してきたブータンですが、どんな『良さ』『課題』があるのでしょうか。

『良さ』としては、GNH（国民総幸福量）を尊重していることが挙げられます。GNHとは、国民全体の幸福度を示す尺度のことです。ブータンはこのGNHを尊重した政策を行い、GNHの考え方を広めています。

一方、ブータンの『課題』としては、世界一幸せな国になれていないことが挙げられます。実際は、世界一幸せな国を目指す国なのです。GNHを尊重した政策は行ってはいるものの、今だに世界一幸せな国としては認められていません。

国土の森林面積を60%以上を維持

たばこの持ち込み禁止

ブータンの素晴らしさについて僕が考えたこと

普通の生活ができることが、『幸せ』という考え方を見習いたいです。僕も、身近な幸せを発見していこうと思います。

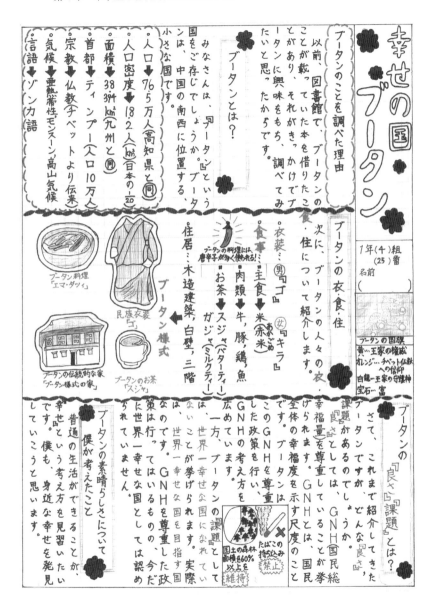

◆学級での新聞発表会

二学期がスタートしたら新聞の発表会をおこないます。発表の仕方は学級の人数によりますが、

①人数が多い時は、四人班で一人三分程度の発表を順番に行い、その後に班代表者がクラス全体の前で発表します。

②人数が少ない時（学級の人数が三〇人程度）は、一人一分三〇秒程度の持ち時間でクラス全体の前で順番に発表します。

どちらの場合も、自分が作った新聞をもとにみんなに伝えたいことをまとめた発表原稿を作成してから発表会をおこないます。新聞はスキャンしておき、大型テレビ等で生徒に見せながら作成者が原稿を読むというスタイルがいいでしょう。発表原稿をつくるのは、自分が知った事実を自分の確かな知識にし、何を伝えるか考えることで調べた国に対する自分の考えを再確認することになるからです。この作業を通して、生徒は自分の意見を持てるようになり、また、調べた国と日本の違いを考えるようになるので、主権者を育てる学習に成り得るのではないかと考えます。また、発表会が終わったら、調べた内容や新聞を生徒が互いに参考にできるように、廊下等に掲示するのがいいと思います。

◈大使館へ手紙を書く

「世界の国新聞の発表会」で終わりにするのではなく、この学習をさらに発展させてみてはどうでしょう。東京には世界各国の駐日外国大使館があります。そこには、それぞれの国の大使や参事官、書記官などの当事国の人々が働いています。外交官と交流してみるのはどうでしょうか。

自分が調べた国の大使館に、生徒が手紙を書くという学習活動です。中学生にとっては、自分が調べてわかったことをもう一度整理することができ、また、もっと知りたいことや疑問に思ったことに答えてもらえれば学習を深めることができます。大使館の人たちも、日本の中学生が自分の国についてどのような理解をしているか知ることができます。日本の中学生から新聞や手紙をもらえば、何よりうれしいに違いありません。学校の生徒数によって違いますが、二〇二〇年は五〇程の大使館に手紙を送り、三〇近い大使館から返信をもらいました。小さな国際交流です。

「大使館への手紙」には、校長にその趣旨（国際交流、国際理解、持続可能な世界などをキーワードにして）を説明すれば、まず許可してもらえます。また、生徒の手紙やいくつかの新聞のコピー（カラー）を送付する際には、必ず担当教師の手紙を添えます。日本の職員がいる大使館なら、この活動の趣旨を伝えてもらえるからです。ぜひ社会科教師の思いが伝わる手紙を書きたいものです。英語版の手紙を添える（英語科担当に依頼する）とさらにいいのではないでしょうか。

これまでに中学一年生が書いた「大使館への手紙」のいくつかを紹介します（一部抜粋）。

「陸上競技の盛んな国、ジャマイカを調べました。この国を選んだきっかけは、世界陸上になぜジャマイカの代表選手が多く活躍しているのか、知りたいと思ったからです。ジャマイカの良いところは、スポーツが豊富なところです。陸上競技、サッカー、クリケット、野球など様々です。中でも陸上競技がとても盛んで、多くの選手が活躍しています。なぜ陸上競技が盛んかというと、ジャマイカ人は遺伝的に足が速いという説や奴隷貿易のころに脱走して逃げ回っていたという説、厳しい環境に耐えた強い身体が今の世代にも受け継がれているという説があります。ジャマイカの学校の授業に『体育』はなく、『陸上』という授業で大きく影響しています。また、ジャマイカにも社会問題はあります。それは人種差別です。白人上位傾向が消えていないようです。ぼくは、ジャマイカを調べながら人種差別をなくしてほしい、みな平等に暮らしてほしいと強く思いました。ジャマイカ人がスポーツを通じて努力していることがすばらしいと感じました」

「私は、世界一税率が高い国『スウェーデン王国』について調べました。二五％の税率で国民はどのように生活しているのか興味を持ったので、ここを調べようと思いました。スウェーデンの消費税は二五％で有名です。一〇〇円のものは一二五円になります。しかし、食料品などの生活必需品は一二％で、そう高くはありません。だから、この国の人々は生活できているのです。そして、その高い税率のおかげで高福祉の国としても有名です。大学までの教育費や二〇歳までの医療費などが無料になるのです。つまりスウェーデンは、隣のこの人は私の教育費を払ってくれているし、私もこの人の医療費を払っている。そんな、すばらしい助け合いによる社会なのです。今、スウェーデンは高福祉高負担の社会として、進展中の環境・エネルギー技術の先進国として、世界に注目されています。日本も見習うところがたくさんあると感じました」

「地理の課題でオーストリアについて調べました。それは、音楽の文化の魅力について知りたいと思ったからです。調べてみると、歌劇場や音楽に関する行事が多くて、さらに自然も豊かということに驚きました。オーストリアでは人々が昔から音楽に親しみ、地球温暖化への対策がたくさんされているのだと分かりました。また、国から認定を受けている民族の方々も尊重しており、九つの州それぞれに観光地がたくさんあって素敵だなと思いました。一つ質問があります。自然や街並みの美しさを守るために、どのような活動をしているのか教えてください。昨年、日本との友好一五〇周年を迎えました。東日本大震災での支援、ありがとうございます。これからも日本との友好関係にご活躍ください」

「こんにちは。私は中学校の地理の課題で貴国を調べました。それは、カタールはなぜ世界一豊かな国なのか、また、カタールの人たちがどのような生活をしているのか気になったからです。調べてみると、カタールは天然ガスや石油などの資源国だから豊かなことがわかりました。さらに、所得税や消費税を徴収しなくとも、光熱費、医療費、学費などが無料ということを知って、私はびっくりしました。私たちの住む日本とはだいぶ異なった生活をしていて、うらやましいと思います。また、二〇二二年のサッカーワールドカップへの期待も高まってきています。一つ質問です。石油が無くなってしまうことはあるのですか。そして、無理なことかもしれませんが、カタールにあるお金を少しでも貧しい国に分けてあげたら、世界が明るくなっていくと思います」

「コスタリカ共和国は平和のために軍隊を捨てたことがすごいと思いました。調べてみて、軍隊を捨てたこと、病院でお金がかからないこと、世界有数の環境保全国だということに興味を持ちました。日本もコスタリカのような平和な国になってほしいと思いました。世界の動植物の五％もの種類がコスタリカに生息していると知って驚きました」

生徒が書いた「大使館への手紙」には、主権者を育てる大切な要素が含まれていると考えます。ひとつは、日本とは違う世界の国の人々の生活や文化、歴史を具体的に知ることで、民族や人種を超えた様々な人々への共感や理解を深めることにつながります。

また、それぞれの国や人々の優れていることを知ったり、努力していることを学んだりすることで、「スウェーデンは高福祉高負担の社会として、進展中の環境・エネルギー技術の先進国として、世界に注目されています。日本も見習うところがたくさんある」、「日本もコスタリカのような平和な国になってほしい」などと自分たちの国や暮らしに願いや要求を持つようになるのではないでしょうか。他者を鏡にして、自分の国や暮らしを見つめる、そんなことが可能になると思うのです。そして、自分たちの社会も他国の良いところを見習い、あるいは取り入れて平和で誰もが幸せに暮らせる国にしたいとの願いを強くしていくのではないでしょうか。

◈コスタリカ大使、平和主義と自然保護を大いに語る

私が忘れられない外国大使の講演があります。外国大使や外交官のお話は、どれも素敵な内容ばかりでしたが、「日本もそんな社会を目指してほしい」と強く憧れを抱いたのは、コスタリカ大使のお話でした。スペイン語での講演の同時通訳を録音し、文字に起こしています。

「こんにちは。皆さんとこうして、日本の将来である皆さんとお話ができることは、私にとって光栄なことと思っています。私の普段の仕事は、他の大使の方とお話ししたり外務省の方とお話ししたり、年に何回か天皇陛下とお話ししたりすることですが、こうして皆さんとお話できるのは、私にとってとても光栄なことだと思います。

コスタリカはとても小さな国で、日本でいうと四国と九州を合わせたぐらいの大きさで、人口は四五〇万人ほどです。そして、アメリカ大陸の真ん中、細くなっているところの中南米にあるのがコスタリカで、二つの海、太平洋と大西洋にはさまれた国です。小さな国ですが、火山がいくつかあって今も活発に活動しています。その中には富士山の弟と言われる火山もあります。また、小さな国ですが鳥の種類が多く、カナダとアメリカとメキシコを合わせたよりも多い、その何倍もの鳥がいるといわれています。カナダとアメリカとメキシコを合わせた鳥の種類は三一八

種類ですが、コスタリカはその三倍の九五二種類の鳥がいると言われているのです。

　コスタリカは二つの海に挟まれた国で、太平洋側とカリブ海側にビーチがあります。コスタリカの海岸には保護区の海岸がありますが、そこにはクジラがやって来ます。クジラはそこで子どもを産んで、五か月間赤ちゃんに一五〇～二〇〇リットルのミルクを毎日あげています。コスタリカではクジラの保護だけではなく、いろんな動物の保護が行われていて、イルカの保護とか、ヤマネコやジャガー、サメも保護されています。日本は四季があって、今は冬で皆さんも寒いと思いますが、コスタリカには日本のような冬がなく、冬といっても雨が降るだけで寒いところでも二二度が一番低い気温です。みなさん、私がコスタリカ大使だから、コスタリカの良いことばかり並べていると思われるかも知れませんが、インターネットでヤフーなどを検索してもらえると、私が言っていることは本当だとわかると思います。

　ここで、コスタリカのことを話し続ける前に、私は個人的にも日本がとても大好きで、皆さんのように言うことをちゃんと聞く子どもたちがたくさんいて、日本という国が大好きです。私のこの体型を見てもわかると思いますが、私は日本食が大好きで、あるものはすべて食べちゃいます。でも、ひとつだけどうしても食べられないものがあって、それは納豆です。皆さんがおいしいというのが理解できない感じです。

　コスタリカの若者、皆さんと同じくらいの若者は、日本に憧れを抱いていて、ソニーのプレイステーションや任天堂のＷｉｉをみんな将来持ちたいなあと思っています。私もマリオという名前ですが、皆さんはスーパーマリオでご存じでしょうが、日本へ来ると日本の方は私の名前をすぐ覚えてくれるのですけど、そんな感じで、キャノンのカメラが欲しいとかトヨタの車が欲しいとか、コスタリカの若者は日本に憧れを抱いていているのです。物だけでなく、人物にもとても大きな憧れを抱いていて、皆さんの中にも将来有名なお医者さんになったり、芸能人になったりする人がいるかも知れませんが、皆さんの使う千円札に野口英世さんが載っていると思いますが、私たちは野口英世さんのおこなったことや歴史に、とても憧れを抱いています。コスタリカは小さな国ですが、小さい国でも一生懸命、教育や医療の改革に力を注いでいる国の一つです。

　そして、コスタリカはお金がある国ではないけれど、自然に富んでいて、お金がないなかでも教育や医療にお金がかけられるのは、約六〇年前に軍隊をなくした国なんですが、軍事費を使う代わりに教育費や医療費にお金をあてているのです。コスタリカは一九四九年に軍隊を無くしまして、軍事費を、銃を買うとかそういったことに使っていたお金を、教育や医療など国を興すうえで重要なことにお金を使うようになったのです。もちろん軍隊がないので、皆さんに怖くないのかと聞かれたりしますが、国連に守られているから心配することはなく、とても平和に暮らしています。コスタリカの特徴に軍隊を無くしたことがありますが、次に有名なことが人権を守る国という事で、人の自由、人の権利を守る国です。コスタリカ＝平和＝人権を守る国というのが、インターネットで調べても出てきます。私たちは周りの国で争いごとが起きている場合、私たちは何をするかといえば、いかにしてそれらを話し合いで解決できるかということをいつも提案しているのです。間に入って話し合いをしましょうということで、そういった国々を争いがなく平和に暮らせるようにしているのです。そんなことを始めた大統領が、今もまた大統領なんですが、ノーベル平和賞を受賞された方です。

そして、私たちが平和に暮らしていくうえでもう一つ重要なことが、自然をいかに保護するか、自然をいかに大事にするかで、私たちの国のテーマに『平和で自然を』というテーマがあるのですが、そのテーマに向かってみんな頑張っています。木の伐採を無くすようにという運動もしています。また、魚とかを必要以上に獲らないようにという運動もおこなっています。他の国の人の中には私たちの運動をよく思っていない人がいるかも知れませんが、自然を保護する運動をすることでみんなが平和に暮らせるのではと考えているので、私たちはおこなっているのです。

みなさん、学校生活は飛んでいくように早く終わるもので、皆さんは今一年生ですが、すぐに卒業して大人になって結婚して子どもを産んだときに、子どもが『クジラって何？』とか『こういう動物って何？』とか言ったときに、実物が見せられない状態にはしたくないですね。皆さんちゃんと『こういう動物ですよ』『これがクジラですよ』と見せられるように、今から保護していきたいというのが私たちの希望なのです。

近々デンマークで大きな会議があるのですが、私たちは、その会議の中で、いかに自然保護をして温暖化を阻止するかということの提案をして、自然保護をする活動をどんどん進めていきたいと思っています。皆さんは、こういう話を聞いていて、『私は別に今そういうことに興味がない』『いま私がやりたいことはサッカーなんだ』と言うかも知れませんが、コスタリカもサッカーにはとても情熱的なのです。ですが、サッカーというスポーツもありますが、コスタリカの若者は自然保護の運動を、いかに自然を保護するかということも、スポーツのひとつのようにいろいろ活動しているのです。コスタリカは皆さんと住んでいる環境は違いますが、皆さんが自然を保護することというのは、ビニール袋を使わないとかエコバックを使う等していると思いますが、それらのことはコスタリカの若者と似ています。それから、コスタリカの若者も好きな音楽とか、好きなグループとか、好きなマンガとか、そんなことにも興味があるので、住む環境は違いますが、皆さんと似ているところも結構あるのですね。……」

◈大使の話を聞いて、中学生が考えたこと

大使は、素朴で親しみをもって生徒に語りかけ、そして、「コスタリカは小さな国だけれど平和や人権、そして自然を大切にする国です」と誇りを持って話されました。「なんて素敵な国なんだろう」と、とても羨ましく思いました。そういえば、二〇一七年の核兵器禁止条約締結に向けた国連会議をリードしたのは、コスタリカの女性外交官でした。なるほどと理解できます。世界に大きな役割を果たしています。大使の話を聞いて、生徒は次のように書いています。

「まず聞いて思ったのが、自然が豊かだなと思いました。調べた時は、小さい国と、ただ軍隊

を持たない国と思っただけだけど、話を聞いた後には無限の森や山が広がっているようなイメージになりました。それでも、日本のゲームなどに興味があったりするのも最先端を行っていると思いました。『軍隊を持たない』というのも最先端だと思います。日本も戦争をしないと言いながら軍隊を持っているし、全世界で軍隊がなくなれば、作ろうとする国もなくなるので、世界のあるべき姿を映している国だと思います。日本も簡単ではないけれど軍隊を捨てて、軍隊にかけるお金を国民が住みよい国にするために使ってほしいと思いました」

「私が夏休みの課題の新聞で調べたことよりもくわしい話を聞くことができました。コスタリカ大使はスペイン語で話してくれて、とても迫力がありました。コスタリカの動物が多いのは知っていましたが、いくつかの国を合わせた三倍以上もの種類がいることは知りませんでした。また、コスタリカの民族衣装はスカートがすごく長くて、とてもキレイでした。あの民族衣装を着て踊っているところを見てみたいです。環境に対してもまじめに取り組んでいるところは、日本も見習ってほしいなあと思いました。コスタリカに行きたくなりました！」

「コスタリカ大使の講演会は、私にとってまたとない経験でした。外国の大使の方のお話を直接聞くことができるのは、なかなか機会がないことだと思います。私は前からコスタリカのことを勉強して、疑問に思っていることがありました。日本にもコスタリカと同じような憲法があり、コスタリカは非武装中立国になり、人権問題も重視されていますが、日本はそういった活動がほとんど無いということです。しかし、今回講演を聞いて、自分なりの結論が出ました。それは、国民一人一人の意識の差だということです。コスタリカ人は、一人ひとりが平和についてとてもよく考えていると思います。日本も国民それぞれが平和や環境について意識すれば、もっと良い国になると思いました」

「コスタリカ大使の話を聞いて、コスタリカはとてもすばらしい国だと思いました。それは、軍隊を持たない国だからです。コスタリカでは軍隊を持たない代わりに、教育や医療に力を入れているそうです。コスタリカはあまりお金を持っていないので、いい考えだと思いました。日本もコスタリカのように、軍事費を減らして、教育費に使ってほしいです。僕は、大使の話を聞いて、日本もコスタリカのように他の国に平和を呼びかけていってほしいと思いました。そして、自分も無駄な争いはせず、コスタリカのように話し合いで解決していこうと思います」

「コスタリカ大使は、自分の国を誇りに思っていると思いました。すごく楽しそうに話していて、コスタリカは日本よりいい国なんじゃないかと思いました。生徒たちの質問にも真剣に答えてくれて、コスタリカに行ったらこの人にまず会おうなどと考えていました。日本も矛盾している自衛隊よりも、コスタリカのように非武装にしてほしいと思いました。コスタリカ大使のように、自分の祖国を誇れるようになりたいと思いました」

「私は、夏休みの新聞作りでコスタリカかガーナを調べるか、迷っていました。新聞はガーナにしましたが、コスタリカのことも深く知りたかったので、大使のお話が聞けてうれしかったです。コスタリカは、※国名の由来からもとても自然豊かな国だと思います。自然の中でも特に、鳥の種類やクジラについてはとても驚きました。小さい国なのに、自然があふれた美しい国だと思いました。また、過去は大変なこともあったのに、『積極的非武装永世中立国』を宣言したことはすごいことだと思います。コスタリカはそれほど強い国ではないのに、いろいろな国を平和へ導いたという勇気がすごいと思いました。日本も軍隊を捨てて、自然と平和のあふれる国になってくれるとうれしいです」

それぞれの憲法に、「軍隊を持たず戦争をしない」と誓った日本とコスタリカ。しかし、両国の歩む道は大きく分かれています。敵基地攻撃能力の保有のため四三兆円もの防衛費増額で着々と軍事大国化する日本と、軍事費を教育や自然環境を保護するために使って争いは話し合いで解決しようとするコスタリカ。どちらが国民の幸せを守れるのでしょうか。そして、人類の進むべき未来の方向はどちらなのでしょうか。中学生は真っすぐにそのことを問うています。私たち大人が、声を大にして問うていかなければならないのだと思います。

※「コスタ・リカ」とはスペイン語で「富める海岸」という意味。

4　韓国大使館との交流

◈コロナ禍での交流

コロナ禍の二〇二〇年と二〇二一年も別々の学校で中学一年生を担当し、同様の「世界の国調べ」学習を行いました。全国一斉休校から始まり、学校生活にはマスク着用をはじめ様々な制限があり、行事なども大きく縮小され、中学生は息苦しさや物足りなさをたくさん感じていました。そのような中での「大使館への手紙」でしたから、生徒たちの熱意と期待が大きかったのかも知れません。どちらの年も大使館の外交官（二〇年韓国大使館）や大使自身（二一年ＵＡＥ大使）が来校し、中学生と交流する機会を設けることができました。来校した大使館ばかりでなく、他の大使館からの返信にも様々なプレゼントが同封されていました。中国大使館からパンダのぬいぐるみ、エジプト大使館から文字や絵画を施した布、オランダ大使館から美術の本、そして韓国大使館からは韓国のお菓子（授業中にみんなで試食）などです。大使館の方々は、コロナ禍にあって悲しくやるせない思いをしている中学生を励ましてくれたのだと感謝しています。パンダのぬいぐるみを送ってくれた中国大使館は、生徒一人一人の質問に答える六枚もの返信をくれました。中国大使館からの手紙（一部抜粋）には、次のようなことが書かれていました。

「お手紙と同封された新聞を興味深く読みました。佐々木先生のご指導のもとで、生徒の皆さんが多様な視点から、世界の国々のことを自分で調べ、日本と違う文化や暮らしを理解することはとても意義のある試みだと思います。また、この課題を通じて、皆さんが中国に対して興味を持つようになったことは、非常に嬉しく思います。（五つの質問に対する回答）……。中日両国は引越しのできない隣国同士で、国際社会においても重要な国です。中日友好は両国国民の幸福のためになるだけでなく、世界の平和と繁栄にもつながります。両国の交流に根本的なのは国民同士の交流と理解です。コロナが終息したら、ぜひ中国に行って、中国の景色や文化を体験してみてください。皆さんが中日友好交流の架け橋になることを期待しています」

日本の私たち、そして若い世代に訴えかける手紙であると感じました。生徒にも紹介しましたが、どのように受け取ったでしょうか。日中間や双方の国がそれぞれに抱える現代の課題はあるでしょう。しかし、日中間の長い友好と交流の歴史はもちろん、日本の中国に対する加害の歴史も誠実に学ぶ必要があります。差別や偏見にのみ惑わされる見方は禁物です。そして、大使館からの手紙にある「中日両国は引越しのできない隣国同士で、国際社会においても重要な国です。両国中日友好は両国国民の幸福のためになるだけでなく、世界の平和と繁栄にもつながります。両国の交流に根本的なのは国民同士の交流と理解です」という言葉を心に留めていきたいものです。

◆「対話と尊重、関心と理解、活発な交流」を

韓国大使館からは、大きな段ボールにいっぱいの韓国のお菓子と丁寧なお手紙が来ました。その手紙には、次のように書かれていました。

「先生のお言葉のとおり、小さな行動ひとつが大きな結果をもたらすことがあります。生徒に対する先生のご関心とご愛情は、生徒さんが真っ直ぐに成長し立派な人物になるための小さな糧となることでしょう。現在、私たち韓国と日本の間に難しい問題はありますが、私たちは持続的に両国関係を発展させていかなければなりません。対話と尊重、お互いへの関心と理解、そして活発な交流がその鍵であると存じます。今後も未来世代の健やかな心と思考のためにご尽力賜りたく存じます。私をはじめ、大使館の全職員も日本の未来世代に寄り添いながら、韓日関係の発展のために絶えず努力してまいります。お手伝いできることがあれば、いつでもご連絡ください」

この手紙も「現在、私たち韓国と日本の間に難しい問題はありますが、私たちは持続的に両国関係を発展させていかなければなりません。対話と尊重、お互いへの関心と理解、そして活発な交流がその鍵であると存じます」と、私たちの心に迫るものでした。外交官との交流も提案され、生徒たちは三〇人程で「歌い隊」を作り、昼休みなどに「ねがい」という曲を練習し、当日を楽

しみにしました。

　四人の外交官を迎えた交流会は、とても楽しいものでした。それは、韓国大使館の若い外交官がいつも笑顔で明るく対応してくれたからです。パワーポイントで説明される内容が、中学生の興味を引く韓国の音楽やドラマの話、生徒も食べる美味しい韓国料理のことなどで、話題がとても身近でした。クイズ形式で生徒に問いかけ、楽しい交流の場となったのです。講演後には、たくさんの生徒が質問の挙手をし、さらに盛り上がりました。質問の中には、戦後補償に関わる徴用工問題への見解を聞いた生徒がいて、私の方が冷や汗をかいてしまいましたが、参事官が韓国語できちんと話し書記官が笑顔で通訳して答え、素晴らしいと思いました。生徒はお礼の手紙で、「質問の時もNGなしで丁寧に答えてくださり、ありがとうございます」、「質疑応答の際には難しい質問もありましたが、そんなものにも分かりやすく丁寧に答えていただいて、すごいなと思いました」と書いていました。また、その質問をした生徒は、「韓国とは、第二次世界大戦中に日本兵がひどいことをしてしまったという過去があります。その過去を忘れずに、確かな友好関係を築き上げていきたいと思いました」と書いています。誠実な対応が、中学生にはしっかり伝わるのだと思います。また、少なくない生徒が、「私たち日本人が、韓国の人たちからそんなに悪く思われていないと知り、うれしかった」という内容を、手紙の中に書いています。ヘイトを叫ぶごく少数の者たちや心無いことを書くメディアの存在を、中学生なりに心配していたのでしょう。だから、「私たちは韓国の人たちにどう思われているのか、悪く思われているのではないか」と、内心びくびくしていたのかも知れません。韓国外交官との交流は、生徒を元気づけてくれました。

そして、生徒の多くが日韓関係を気にかけ、友好関係を築いてほしいと願っていました。

「互いの文化や流行を共有し、より仲を深めていきたいと思いました。政治的にも手を取り仲良くしてほしいと、心の底から願います」

「仲が悪いのは政治家だけで、国民の仲は友好であることがわかって良かったです。これからも両国ともに互いのことを思い、尊重できるようになる、その第一歩になるといいです」

「両国の間にまだ難しい課題や問題があるからこそ、お互いの国を理解することが大切だと思いました」

「政治の世界では日韓関係があまり良くありませんが、韓国の皆さんと文化や料理などの場面で接し、仲がより深まればいいなと思っています」

などと、生徒は書いたのです。

さらに、今回のような交流が大切ではないかと考えた生徒もいました。

「お話を聞いていくうちに、日本と韓国がわかり合う、多文化共生の社会を実現するという大使館の願いを感じて、とても良かったです」

「今回、韓国大使館の方々と関わりを持てたことは素晴らしいことだと思います。韓国と日本が良い関係でいられる架け橋となれたら、最高の交流会になるのではと思います」

「これからも日本と韓国の関係をより良くする大切な存在として、大使館の皆様の活躍をお祈りします」

「今回の講演会を通して、韓国のことを深く知ることができました。韓日関係の改善のため、こういった交流も一つの改善策なのではないかと思います」

「このような、日韓関係が良くなることを実現するために僕たちができることは、今回のような交流を増やしたりすることだと思いました」


中学生も、韓国大使館の手紙にあった「対話と尊重、関心と理解、活発な交流」こそ未来への希望だと、実際の交流を通して感じたのではないでしょうか。このような経験を基にしながら、中学生が「日韓関係をよいものにしてほしい」、「在日外国人と理解を深めて共生できる社会を」と考えるような、平和で民主的な社会を担う主権者に育ってほしいと願うのです。

第5章

主権者として行動する

1　特別教室にエアコンの設置を！

◈もう我慢できない

第1章から第4章では、様々な教育活動を通して中学生はどんなことを考え、誰にどんな声を届けてきたのか紹介しました。ここでは、私たちが主権者として行動した「特別教室にエアコンの設置を」求めた活動について紹介します。これは、中学生にとっても切実な問題であり、なかには自らも行動に参加する生徒がいたからです。

六月になると、エアコンなしでは過ごせない日々が続きます。温暖化の影響が年々強くなっていると感じます。私が最後に勤務した学校は、普通教室と音楽室にしかエアコンが設置されていませんでした。空調施設のない夏場の体育館は、まさに蒸し風呂のようです。その体育館にも災害時の避難所としての役割の重要性から、国の補助がついてエアコンが設置されるようになりました。集会や体育の授業、放課後の部活動など、これまでの暑さに二度と戻りたくないと思うほど活動がしやすくなりました。ありがたいことです。

しかし、学校の教育活動はこれら以外の場所でも行われています。理科室や美術室、家庭科室に木工室などの特別教室です。これらの場所にはエアコンが設置されていません。自治体によっては設置されているのに、同じ公教育でありながら自治体の考えで教育環境に大きな差があるのです。今や、公共施設でエアコン等の空調施設が整っていない建物は珍しいです。市役所、病院、図書館、銀行、郵便局、警察署など、どこにも空調施設があるのは当たり前です。それなのに、公教育を担う学校では子どもたちが汗で体育着を湿らせ、時には流れる汗を拭いながら美術の絵を描いています。暑さで意識が飛びそうになるのをこらえながら理科の実験をしているのです。また、夏に室内が四〇度近くになる給食調理室にもエアコンが設置されていないことを想像できるでしょうか。気分が悪くなり、救急車で運ばれた調理員さんがいました。

「誰かが倒れないとエアコンは付かないのか」と愚痴をこぼし合っていた調理員さんたちですが、「誰かが倒れても」エアコンは付いていません。冷風機という、いいわけにしか見えないものが置かれただけです。子どもたちや学校で働く人たちに人権はないのでしょうか。

私は、教職員組合の仲間とこれまでに何度も教育行政に訴えてきました。しかし、一向に見通しすら示されませんでした。そこで、違う方面からその実現を目指すことにしたのです。

◈国民の権利、「請願権」の行使

国民主権や主権者というとき、それは選挙においてのみ実現されるものではありません。日本国憲法に保障された国民の権利を行使すること、それも大切な主権者としての行動です。例えば、様々なデモに参加することは、憲法二一条（集会、結社及び言論、出版その他一切の表現の自由）を行使する主権者としての行動です。憲法集会や教育のつどいに集まることも、もちろん主権者としての行動なのです。また、私たちが行政職や政治家でなくとも、「こんなことを実施してほしい」とか「こんなことに無駄な予算を使わないでほしい」などと国や地方自治体の政治に直接要望することもできます。それが憲法一六条の請願権です。

教師も一人の国民です。皆で協力し主権者として私たちにできることをしようと相談しました。それは、私たちの代表機関である議会の力を借りて、「動かない教育行政」という山を動かそうというものです。紹介議員になってくれる人をさがし、議会への請願を行うことにしました。何度も議員の控室に足を運んだのです。二〇二二年九月、市議会に設置されている文教・経済常任委員会で私がおこなった請願の趣旨説明全文を、長いですが次に掲載します。

「私は、上尾市教職員組合の委員長をしている佐々木孝夫と申します。市内の中学校で社会科の教員として働き、三七年目を迎えました。私たちは、思いを同じにする市民の皆様と『上尾市の小中学校の特別教室と給食調理室にエアコンを設置してください』という請願書を八月二三日、上尾市議会に提出しました。本日は、上尾市議会の文教・経済常任委員会の皆様に、請願書の趣旨を説明する機会を設けていただき、大変感謝しております。市民の声を市政に反映させる上尾市議会のこのような取り組みは、まさに『地方自治は民主主義の学校』の考えを体現しています。これから私が述べます請願書の趣旨を皆様にはどうぞご理解いただき、ぜひともこの請願を採択し、その実現にお力を貸していただきたいとお願い申し上げます。よろしくお願いいたします。

上尾市の小中学校は、二〇一二年度にすべての普通教室にエアコンが設置されました。それに伴い、二〇一三年より夏休みが短縮され、二学期の始まりが八月二五日となりました。九月に入っても残暑が厳しい毎日です。今年は六月から猛暑でした。六月一九日から三〇日までの一二日間で、上尾市で三〇度を超えた真夏日は九日、三五度以上の猛暑日は五日もありました。今では六月のエアコン使用は当たり前で、暑い時は五月から使用せざるを得なくなっています。児童・生徒に学習に適した環境を提供するには、いまやエアコンは必須条件です。

学校での授業は普通教室ばかりではありません。理科室、家庭科室、美術室や図工室、木工室等でも毎日のように授業は行われています。しかし、これら特別教室にはエアコンが設置されていません。教科の特性上、扇風機の使用が難しい特別教室もあり、ここでの授業は子どもたちや担当する教員にとって、きわめて過酷な状況となっています。

市内の教員から寄せられた声を紹介します。

小学校の先生からは、『理科室での学習中に、子どもの腕から出る汗でプリントが手にくっついてしまう。また「プリントの上に汗がぽたぽた垂れて困ります」と訴える子どもがいます』との声や、教務の先生からは、『二学期が始まりましたが、図工室は相変わらずの蒸し暑さで、子どもたちから「先生、なんで図工室にエアコンがないのですか」と何回も聞かれました。子どもたちは図工を楽しみにしてくれているようですが、図工室の環境には不満があります。体育館にはエアコンがあるから、夏休みの合唱練習はよくできたという声を聞きました。今後も特別教室へのエアコン設置、応援しています』と、声が送られてきました。

中学校の理科の先生からは、『暑い中での理科室の授業は、子どもたちの集中力が大きく落ち、学習の成果が低くなります。また、実験で火器を使う場合は特に暑くなり、大変です』という声や、技術科の先生からは、『刃物を使う場合、ケガをしないように長袖のジャージを着用させることもあります。そうするとますます暑いので、授業がとてもやりにくいです。はんだごてなどを使う授業だと熱を発し、暑さで集中力が落ちてケガをしないか心配です』という声も聞かれました。さらに、別の理科の先生からは、『一日中、実験のため理科室で授業を行い、夕方にはぼうっとなって、家に帰ると夜には熱中症のような症状に襲われて苦しかったです』という声もありました。今の時代に、エアコンのない特別教室での学習は、学習能率が下がり、ケガや事故、場合によっては命の危険さえ伴う可能性があることが、おわかりいただけたでしょうか。このような不適切な教育環境を、私たちは一刻も早く改善していきたいと考えています。

また、子どもたちの健やかな成長・発達になくてはならない食育を担っている給食調理員さんたちの働く環境も、人権が最も大切にされるべき学校という同じ職場にあって、とても許容することができない過酷なものとなっています。富士見小を除くすべての小中学校の給食調理室に、エアコンが設置されていません。給食調理員さんの声を紹介します。

『スポットクーラーが設置されましたが、クーラーから出る風がすごいので、調理場としては衛生上の観点から使いにくいです。また、部屋全体が冷えるわけではありません。大型扇風機がありますが、調理場は狭いため職員が動くのに邪魔で、ほとんど使用していません。今年は暑さが厳しく、仕事中に気分が悪くなった職員も出て、休憩室で休ませるという事態も起きました。とにかく暑くて厳しい環境です。一刻も早くエアコンの設置をお願いします。また、窓を閉め切った各階の配膳室にもエアコンがないので、食材が悪くならないか、特に牛乳が心配です。私たちは、「暑くて大変です」と会社に愚痴を言うことはありますが、その声は行政に届いていないのだと思います。私たちではどうすることもできないので、議会に請願をしていただき、本当にうれしいです』

私自身も、給食調理室の件は初めて知りました。調理のために大型の火器を使う給食調理室にエアコンが設置されていないなどとは、夢にも想像しませんでした。申し訳ない気持ちでいっぱいです。上尾市で行っている小学校の給食自校方式や、中学校のセンターと給食調理室を組み合わせたサテライト方式は、手作りの細やかさがあってとても美味しく、そして暖かい給食を食べられる本当に素晴らしいものです。その給食調理を担っている調理員さんたちの職場環境が、命に関わる劣悪なものでよいはずがありません。一刻も早いエアコンの設置を心からお願いいたします。法令でも、労働安全衛生規則　第六〇六条に『事業者は、暑熱、寒冷または多湿の屋内作業場で、有害の恐れがあるものについては、冷房、暖房、通風等適当な温湿度調節の措置を講じなければならない』とあります。職場環境が法令違反となっていないか、検証する必要があるのではないでしょうか。

さらに、この件について栄養職員の方からアドバイスをいただきました。『狭山市のセンターにはエアコンは設置されています。一昨年、文科省交渉でエアコン設置を訴えた際、今までは新設の給食室とセンターを設置するときにしか国の補助がなかったものを、新設でなくとも補助が付くようになりました。それが多くの自治体に十分周知されていないのではないでしょうか。この補助制度を知らせて活用してください』。いかがでしょうか。また、越谷市では、配送された給食を保管しておく配膳室にも、市内全校でエアコンが設置されています。

特別教室のエアコン設置状況は、私たち教職員組合の調査によれば、別紙プリントに示す通りです。どう思われますか。多くの自治体で特別教室にもエアコンが設置できているのではないでしょうか。上尾市でできない理由はないと思います。もし、一度白紙に戻したはずの『小中一貫校の設置を柱とする学校の統廃合』を念頭に置き、不必要と考える経費を節約したいなどとの思惑があるのであれば、言語道断です。最優先にするべきは、目の前の子どもたちにとって必要な教育環境整備です。

この請願が採択され、一刻も早く実現するように、私たちは『エアコン設置のための署名』を集めています。七月末から今日までの約一か月間に、二〇〇〇筆を超える署名が集まりました。署名に添えられた保護者からお手紙を紹介します。

『いつも娘がお世話になっております。私は、市内の保育園の給食室で給食やおやつの調理をしています。この保育園にはエアコンは設置されておりますが、真夏の厨房はガス台、コンベクション（多機能オーブン）、ガス釜を同時に使うと四〇度を超えます。体調が悪くなるのを覚悟して仕事をしています。エアコンの設置は、特別教室や給食室で働く先生方のために必ずやっていただきたいです。命に関わることです。給食室に限っては、職員の体調はもちろんですが、食材の傷みにもつながります。食中毒を回避するためにも、子どもたちの命を守るためにも、ぜひエアコンの設置を求めたく、微力ながら協力させていただきました。働きやすい職場環境の充実をぜひ実現できますように願っております』

私は涙が出そうでした。このお母さんが、子どもたちの教育環境や学校で働く教職員の労働環境に心を寄せて、集めた五〇筆の署名と一緒にこのような手紙を渡してくれたからです。

自らも働いている保護者の方々にとって、働きやすい職場環境の充実はすべての人の願いです。この請願に賛同していただける保護者や市民は、これからもどんどん増えると確信しています。

私たちは一二月までに一万筆の署名・賛同者を集める覚悟です。

最後に、小学校高学年の子どもたちの声を紹介します。

『音楽室にはエアコンがあるのに、図工室や理科室、家庭科室になぜエアコンがないのですか』

『のこぎりや金づち、ペンチを使うと熱くなるから、エアコンがない図工室だと汗だくです』

『家庭科室で調理実習をしていると、火を使って熱いので、エアコンがあるといいです』

『家庭科室でミシンを使って上手くいかないと汗をかくから、部屋が涼しい方がいいです』

『家庭科室でアイロンを使うときも暑いから、涼しい部屋でやりたいです』

子どもたちの素直な希望の声です。

かつて、上尾市は『子育てするなら上尾で』と言われました。保育所や学童保育を充実させ、大型団地を建設し、高校の増設も行いました。日本の人口が減少を続ける中、上尾市は微増を続けています。子どもや学校、教育活動の充実やそれを支援する体制を地域社会発展の中心に据え、上尾市も持続可能な社会を目指しているのだと思います。そうであるならば、子どもたちや保護者、教育に関わる人々の声を聴き、関係するすべての人たちにとって、学びやすい、働きやすい環境を整えていくことが行政の大きな役割なのではないでしょうか。

日本国憲法一六条の『平穏に請願する権利』は、『国や地方公共団体の機関に対し、苦情や希望を申し立てることができる権利』です。また、請願法五条では、『この法律に適合する請願は、官公署において、これを受理し誠実に処理しなければならない』と定めています。

どうぞ、『すべての小中学校の特別教室と給食調理室にエアコンを設置してください』という私たちの切なる希望が実現できますよう、皆様には大きな力をお借りしたく、お願い申し上げます」

◆市議会、全会一致で請願を採択

議会に請願することは、初めてのことです。委員会所属の七名の議員の前で一〇分間訴えました。緊張はしませんでしたが、市のホームページに公開されている動画を見ると、もっと抑揚をつけて語るべきだったと感じます。委員会では全会一致の可決となりました。しかし、本会議で採択されるか、安心はできません。それは、市民が取り組んだ（私たちも協力した）前年の「給食費の無償化」を求める請願が、わずかに一票差での可決だったからです。私たちは手分けをして市議会すべての会派をまわり、請願採択への協力を求めました。どの会派もみな理解を示してくれたのです。「一票差でもいい」、とにかく請願が採択されることを祈りました。

私たちの祈りが通じたのか、市議会本会議では、一票差どころか全会一致の可決採択でした。市民の声があちこちから届いていたのかも知れません。とにかく一歩前進しました。請願は行政を法的に拘束するものではありませんが、法令では首長がその請願に対してどう処理したのか、議会に経過や結果について報告することを求めています。いい加減な対応はできないはずです。

◆署名活動

教職員組合は、請願前の七月から「エアコン設置を求める」署名活動に取り組んでいました。市民が政治に対して自分たちの願いや要求を実現しようとする最も一般的な方法は署名活動です。憲法が保障する「表現の自由」としての署名活動で、首長へ署名を提出することは請願権の行使にあたります。「この憲法が国民に保障する自由及び権利は、国民の不断の努力によって、これを保持しなければならない」（憲法一二条）とあるように、私たちは、自らの自由や権利を守るために、主権者として行動することが求められています。権利が侵害されて困っているとき、おかしいと思うことが改善されないとき、声をあげることが大切です。

多くの当事者が署名という意思表示で声をあげられるように、私たちは様々な取り組みをしました。駅頭で大々的に署名活動を行ったり、署名の様子を新聞記事に取り上げてもらったりしたのです。市民の方々もスーパーや保育所の前で署名を集めてくれました。私たちは学校の教職員こそ当事者であると考え、市内全教職員八〇〇人のひとり一人に署名用紙を同封した手紙を郵送したのですが、たくさんの教職員が署名に協力してくれました。また、給食調理員さんも積極的に署名を集めてくれたのです。

そして、この署名のもう一方の当事者である生徒や保護者の中にも、行動に参加した人たちがいます。五〇筆の署名を集めてくれた保護者のことは先に書いた通りですが、他にも「署名を集められます」と声をかけてくれた保護者が何人もいました。また、「お母さんが署名したいと言っています」と声をかけてくれる生徒もいて、返送された署名用紙に中学生自らが署名したものもありました。さらに、私が「エアコン署名」を集めていることを知り、自分が所属する部活動の仲間や後輩から三〇筆もの署名を集めてくれた生徒もいました。その生徒から、集めた署名用紙と一緒に次のような手紙をもらいました。


「佐々木先生、いつもありがとうございます。一学期の授業や沖縄県知事への手紙の話、エアコン設置の活動について聞き、先生の行動力に感動しました。心を動かされました。私も何か行動して、日本の世の中を、世界を変えたい、そう強く感じました。まず、署名について部活で話してみました。初めは、変な目で見られるんじゃないか、あまり集まらないんじゃないかと心配でした。でも話してみると、一年生も二年の友達も『協力させてください！』と笑顔で言ってくれました。行動するというのは勇気がいるし、反対されることもある。責任も取らなくてはいけない。けれど、その結果ひとつ成し遂げられた達成感や喜び、そして小さな変化が生まれます。私の周りにはその模範となる方がいらっしゃいます。小さなことでもいい。想いを行動へ変えることが大切だと思います。これからもよろしくお願いします」

うれしい手紙です。そして、勇気をもらえる手紙でした。「行動するというのは勇気がいるし、反対されることもある。責任も取らなくてはいけない。けれど、その結果ひとつ成し遂げられた達成感や喜び、そして小さな変化が生まれます」と生徒は書いていますが、私もまったく同じ思いです。「初めは、変な目で見られるんじゃないか、あまり集まらないんじゃないかと心配でした」とも書いています。「声を上げよう」、「行動しよう」と考えた人も、多くはこの生徒のように心配や不安な気持ちを持ちながら、それでも「声を上げてきた」のだと思います。家庭で親に話したり自分が署名したりする生徒の心の中にも、きっと同じような気持ちが湧いたのではないでしょうか。中学生の心に小さな変化を生んだ、「署名活動」だったのではないかと思います。

私たちは市民と協力し、四か月余りで六六〇〇筆ほどの署名を集め、この署名を力に市長や教育長と懇談する機会を得て、エアコン設置を強く求めました。残念ながら、私の在職中に良い返事を聞くことはできませんでしたが、次の第6章に述べるように、中学三年生に進級して書いた「市長への手紙」には、「署名活動」というこの時の行動が生きていると感じました。「多くの人が声を上げ、行動するから何かが変わる」ので、すぐには実現しなくとも、「あきらめずに声を上げ続けることが大切」と、中学生に伝わったでしょうか。

2 主権者を育てる教育

◈主権者とは何か

国民主権を定めた日本国憲法の下での主権者とは、「国の政治のあり方を最終的に決める権力を持つ国民」と理解しています。「権力を持つ国民」とは、不条理な権力の行使に国民が痛めつけられることの多い社会の現実からすると、すぐには理解できません。しかし、国民主権とは、「こんなことが大切にされる社会になってほしい」、「こんな暮らしができる国であってほしい」、もっと具体的に言えば、「いつまでも戦争をしない平和な国であってほしい」、「一部の人たちを優遇するより国民の暮らしを守る税制を作ってほしい」、「正規と非正規、男女の違いなどで格差が生まれない社会のルールがある国になってほしい」などの国民の願いを、主権者である国民が選挙で代表者を選び、「国の政治のあり方」を決めていくことができるということです。

　また、国民主権というとき、それは選挙においてのみ実現するものとは考えません。国民主権の世の中では、国民には様々な権利が保障されています。表現の自由、学問の自由、身体の自由、教育を受ける権利、請願権、生存権、労働基本権など、日本国憲法にはたくさんの人権規定があります。それら国民の権利を行使する者としての主権者という意味にも理解しています。

　つまり、国や政治に対して「こうあってほしい」という願いや希望、要求を持ち、それらをどうすれば叶えることができるか考え、声を上げ行動していく（選挙も含め国民の権利を行使する）者を主権者と捉えています。

◆主権者を育てる教育とは

　文部科学省（以下、文科省）のホームページに、「選挙権年齢及び成年年齢の引下げにより、主権者として求められる力を育成する教育（以下、「主権者教育」という）がこれまで以上に求められていることから、小・中学校向け主権者教育指導資料『「主権者として求められる力」を子供たちに育むために』を作成しました」として、一〇〇ページを超える冊子が掲載されています。「はじめに」の部分では、この冊子を公表する理由を次のように説明しています。

「平成一八年に改正された教育基本法では、第一条に（教育の目的）として、『教育は、人格の完成を目指し、平和で民主的な国家及び社会の形成者として必要な資質を備えた心身ともに健康な国民の育成を期して行われなければならない』と規定されています。また、同法第一四条（政治教育）では、『良識ある公民として必要な政治的教養は、教育上尊重されなければならない』こと及び『法律に定める学校は、特定の政党を支持し、又はこれに反対するための政治教育その他政治的活動をしてはならない』ことが定められています。こうした教育基本法の規定に基づき、教育においては、これからの社会を担う子供たちに、主体的に国家及び社会の形成に参画するために必要な資質・能力の育成に向けて、政治的教養に関する教育の充実を含めた取組を推進することが一層重要となっています」

国（文科省）は、一八歳選挙権などでこれまで以上に主権者教育が求められているとし、教育基本法に書かれた「教育の目的」から、教育においては子どもたちに「主体的に国家及び社会の形成に参画するために必要な資質・能力」を育成する取り組みが重要だと言っています。また、この冊子には何度も「国家及び社会の形成に主体的に参画するために必要な資質・能力を育成する」と書かれているのです。はたして、教育基本法に書かれた「教育の目的」の理解はこれでいいのでしょうか。そして、主権者教育とは、「主体的に国家及び社会の形成に参画するために必要な資質・能力を育成する」ことなのでしょうか。

私は、第2章の冒頭にも書きましたが、教育の目的は、「平和」を希求する「民主的」な社会をつくる主権者を育てることにあると理解しています。文科省が言うような、子どもに「国家及び社会の形成に主体的に参画するために必要な資質・能力」を育てることではなく、「平和で民主的な社会をつくる主権者」を育てることではないでしょうか。教育基本法が改定されたものであっても、そこになぜ「平和で民主的な国家及び社会の形成者」と書かれているのでしょうか。文科省の冊子には「平和で民主的な」という言葉が出てきません。「平和で民主的な国家及び社会の形成者」と「国家及び社会の形成に参画する」とでは、まったく意味が違うことは中学生でもわかると思います。「平和で民主的な社会をつくる」ことは、侵略戦争に突き進んだ軍国主義の日本を繰り返させまいとする（「政府の行為によって再び戦争の惨禍が起ることのないように決意し」）日本国憲法の精神に依るのだと考えます。

戦後の日本社会がめざしたことは、何より「平和で民主的な社会」でした。戦争で苦しむ人がいないように、不平等や貧困で苦しむ人がいないように、公正なルール（法）に基づいて話し合いで物事を決めていくように、女性や働く人の権利が守られるように、そんな「平和で民主的な社会」をつくることです。その「平和で民主的な社会」を創ることを国民に約束しているのが日本国憲法です。そして、そのような「民主的で文化的な国家を建設して、世界の平和と人類の福祉に貢献しようとする決意を示した」憲法の理想の実現は、「根本において教育の力にまつべきものである」と、一九四七年制定のかつての教育基本法前文に謳われていたのです。まさに、

「平和で民主的な社会をつくる」主権者の育成こそ、教育に求められた大きな使命だったのです。

つまり、「平和で民主的な社会」とはどのような社会かを理解し、そうでない現実があるならば、どうすればいいかを考え、そのために自分ができる行動を起こすことのできる主権者を、様々な教育活動を通して育てていくことが主権者教育だと考えています。核兵器や沖縄の基地問題には、「平和で民主的な社会」とは言えない現実があり、身近な地域や国の政治に目を向けると、そこにも「平和で民主的な社会」となるための課題があるのです。それらの現実や課題について知ること、調べること、話し合うこと、考えること、自分の意見を持ち表明すること、そのような学習・教育活動が主権者を育てるのではないかと考え、実践してきました。

◈主権者教育は、「人格の完成」をめざす人間教育

中学校社会科では地理・歴史・公民を学習しますが、そこでは様々な「現実や課題」に向き合う生身の人間が必ず登場します。例えば、三〇年以上も原発建設をさせなかった瀬戸内海に浮かぶ小さな島「祝島《いわいしま》」の人たちの暮らしと生きざま。人種差別による迫害や脅迫に命の危険さえあるなか、知恵を絞り非暴力という方法で粘り強く公民権運動を続けたキング牧師。原爆によって背中を焼かれ「生きるとは苦しみに耐えることでした」とその後遺症に一生苦しめられながらも、国連で核兵器の廃絶を訴え続けた谷口稜曄さん。中国での侵略戦争では皇軍兵士として、生きた中国兵の捕虜を殺す「刺突訓練」が強制されたが、これを拒否し続けた日本兵の渡部良三さ

ん。住民投票も選挙での意思表示も無視され、司法をも含む政府の大きな権力が圧し掛かってもなお、一〇年に渡り国側の警備隊と対峙し「座り」続ける辺野古米軍新基地建設に抗う沖縄の人々。「日米安保条約」に基づく駐留米軍の存在は、憲法九条の戦力不保持に違反し違憲であり、「日米安保条約」は、憲法九条に反して無効であると、司法権の独立と裁判官の矜持を貫いた伊達秋雄さん。まだまだ、過去にも現在にもたくさん存在しています。

これらの人たちの「平和で民主的な社会」を求める人間としての闘いを学ぶことは、中学生にどう生きるかを問いかけ、葛藤を生み出し、自分はこう生きたいという「人間としての歩み」を考えさせてくれるのではないでしょうか。主権者教育は、主権者として行動した人々を学ぶことで、「良心を貫く」、「勇気をもって声を上げる」、「人間らしく生きることを諦めない」などの人間としての成長を励ます、人間教育でもあると思います。

第6章

「こんな街で暮らしたい！」中学生の願い

1 三年連続の「中学生の模擬投票」をめざして

◆二〇二三年の市議会議員選挙に向けて

二一年の衆議院議員選挙、二二年の参議院議員選挙と、中学生が政治について知りたいことを国政政党に質問し、その回答を読み合いながら「中学生の模擬投票」を行いました。第1章に書いた通りです。その経験の上に、二三年は一二月に行われる市議会議員選挙に合わせて、三年連続となる「中学生の模擬投票」を計画しました。中学校の教育課程（社会科の指導計画）にも四月当初から記載してあります。今回は、中学生にとって最も身近な政治である市議会議員選挙なので、市内の中学校全校で一緒に実施できないか模索しました。市の教育研究会（社会科部会）で進めてもらえるよう依頼したのですが、思うような取り組みには至りませんでした。私の勤務した市は、「シティズンシップ教育」の推進を掲げています。「シティズンシップ教育」とはどういうものかを明らかにして、主権者教育の一環としての「中学生の模擬投票」を市内全ての学校で実施するぐらいの気概があってもいいのではと思います。ただし、学校の教育活動の主体性を最大限尊重し、行政による押しつけにならないように配慮する必要はあります。

私が担当する三年生は、この二年間の「中学生の模擬投票」を経験しています。自分の生活と直接結びつく身近な政治にどんな願いを持っているのか、とても楽しみでした。

◈中学生一六〇〇人の質問書

結局、二二年と同様に市内のもう一つの学校と二校での実施となりました。それでも、中学生一六〇〇人のアンケートです。「中学生の声」（質問とその理由）は以下の通り（一部省略）です。

1．街づくりに、どのようなビジョンを持っていますか。

①道路・交通の整備に関して

・イオンの近くの渋滞が激しく、交通事情を改善してほしいからです。
・横断歩道でも車は止まってくれないので、ボタン式信号をつけてほしいと思うからです。
・中分や藤波地区、大宮ゴルフ場付近は夜暗くて怖いので、街灯を増やしてほしいです。
・運動公園や水上公園近くも暗いので、もっと街灯を増やしてほしいです。
・子どもの通学路になっている大きな道にはガードレールをつけてほしいと思うからです。
・道路のひび割れやデコボコを直してほしい。祖母が丸広前の道で転倒し骨折しました。
・「ぐるっとくん」は四時間に一本しかない時があり、不便なので改善してほしいからです。
・北上尾駅までの公共交通が少ないので、増やしてほしいからです。
・上尾と東西に結ぶ鉄道網がないので、路線バスをもっと整備してほしいと思うからです。

②公園やスポーツ施設に関して

・公園では遊具撤去やボール禁止の場所が多く、子どもが思い切り遊べないからです。
・原市や陣屋方面には広い公園が少なく、遠くまで行かないと遊べないからです。
・「ボールを蹴るな」などの看板がない、もっと自由に遊べる公園が欲しいからです（多数）。
・スポーツ宣言都市なのに、施設（芝サッカーグラウンドやバスケットコート等）があまりなく、休日に体育館やコートの予約ができないと感じているからです。
・近くにプールがないので、水上公園を復活してほしいと思うからです。
・市内に多くなった空き地を子どもたちが遊んだり交流したりできる場所にしてほしい。
・運動公園の補助競技場を無料にして誰もが施設の素晴しさを味わえるようにしてほしい。

③自然や環境に関して

・近くの木が伐採され、畑もなくなっています。温暖化対策は大丈夫かと心配だからです。
・たくさんの新しい家が建てられ、自然が少なくなったと感じているからです。
・地域の森や豊かな自然を未来に残してほしいと思っているからです。
・公園の中にさえ自然がなくなってきていると感じるからです。
・タバコのポイ捨てが多いと思います。何か対策があれば教えてほしいです。
・鴨川沿いの雑草をきれいにしてほしいと思っているからです。

・市を流れる川をきれいにしてほしいと思ったからです。
・団地に住んでいますが、古くなっているのできれいにしてほしいと思うからです。

④文化施設に関して

・市には映画館がないので作ってほしいからです（多数）。
・映画館や博物館、美術館などがないので、作ってほしいと思うからです。
・スマホ依存症の子どもたちをなくすために、楽しい文化施設を作ってほしいからです。
・テスト前に友だちと気軽に勉強できる無料の学習施設が欲しいと思ったからです。
・図書館の自習室の座席を増やし、夜九時ごろまで学習できるようにしてほしいからです。

2．小中学校の教育環境を、どのように整えていこうと考えていますか。

・美術室や理科室は夏暑くて冬寒いので、早くエアコンをつけてほしいからです（多数）。
・夏は四〇度近い室温になるのに理科室にエアコンがなく、体育後の授業は死にそうです。
・エアコンのない理科室の授業で気分が悪くなったり鼻血を出したりする生徒がいました。
・理科室や美術室にある扇風機や冷風機では役に立ちません。エアコンを付けてください。
・市議会でエアコン設置の請願が可決されてずいぶん時間が経っているのにいつまでたっても設置されないから、どうすれば設置されるのか知りたいです。

・パソコンが一人に一台なく、いつも他のクラスに借りに行かなくてはなりません（多数）。
・市のPR動画では一人一台のICT端末を使った教育と宣伝しているのに、いつになったら一人一台が実現するのか知りたいからです。
・全校生徒が同時にネット回線を利用できずに困っているからです（多数）。
・トイレが汚く臭いがすごい。きれいな洋式トイレを作ってほしいと思うからです（多数）。
・トイレの手洗いは、衛生面を考えるとセンサー式にしてほしいからです。
・カバンなどが入りきらないので、中学校のロッカーを大きくしてほしいからです。
・雨漏りやひび割れの入っている壁、カビの広がった天井を直してほしいです。
・本校のような学校の老朽化に対して、どのような見通しがあるのか知りたいです。
・新築された学校と古い学校で設備に違いがあるのは不公平だと思うからです。
・人数が多い学校と少ない学校があるので、近い人数にした方が格差がなくなると思います。
・セーラー服にスラックスしか選べないのはジェンダーレス制服とは言えません。
・髪型の「触角禁止」や「ツーブロック禁止」などの校則問題について、どう思いますか。
・一クラスの人数を二〇人程度にして、ゆったり安心して学べるようにしてほしいからです。
・不登校の子どもが増えていて、誰もが学校に行きやすい環境を作ってほしいからです。
・不登校の子どもにとっても居場所ができる学校にしてほしいと思っているからです。
・多様な国籍を持った子どもたちへの対応をどのように考えているか、知りたいからです。

・近隣の市でも給食費無償化が進んでいるので、本市も全ての人を対象に実施してほしい。
・高校までの学費無償化が実現しないと、家庭の事情で私立へ行けない人が出ています。
・北欧などでは大学まで学費無償なのだから、日本もそうなってほしいと思うからです。

3．どんなことに重点を置いて、市民から集めた税金を使っていきますか。

・税金が無駄に使われていないか、知りたいからです（多数）。
・税金がどんどん高くなり、国民のために公正に使われているか知りたいからです。
・議員のヨーロッパ研修旅行などの無駄遣いが行われていないか、心配だからです。
・コロナやインフルエンザ対策を知りたいからです。
・病院や医療体制の整備にお金を使ってほしいと思っているからです。
・中学校には十分な設備が整っていません。そこにお金をかけてほしいと思ったからです。
・私も税金を払っているので、給食費の無償化を実現してほしいからです。
・中小企業が活躍できるようにお金を支援してほしいからです。
・物価高や増税で生活に困っている人に、どんな支援を考えているか知りたいからです。
・特に食材の高騰で、野菜が高くて買えません。何か支援策がないのか知りたいからです。

4. **子育て支援について、どのような政策を考えていますか。**

・一人親家庭が増えていて、生活が大変そうだからです。

・兄弟が増えて家計が大変になり、どんな支援策があるか知りたいからです。

・まだ自分で収入を得られません。子どもの医療費無料を一八歳までにして下さい（多数）。

・医療費がかかると歯医者や病院に行きづらい。一八歳まで医療費無料にしてほしい。

・桶川市など一八歳まで医療費無料の市があり不平等。人口減少にならないかと心配です。

・市では保育園や幼稚園は足りているのか、保育士さんは足りているのか、気になります。

・高校や大学進学者への支援制度が何かあるのか、知りたいからです。

・埼玉県で「留守番禁止条例案」が採択されそうになり、政治家の育児や家庭に対する考え方に不安を覚えたからです。

・私たち中学生や小学生の子どもが安心して過ごせる施設を作ってほしいからです。

5. **少子高齢化への対応をどのように考えていますか。**

・今の小学生は私の頃より少なくなっていて、少子化が心配だからです。

・子どもの数が減ると、税金が高くなったり経済も苦しくなったりすると思うからです。

・少子化が進むと、子どもに対する支援と高齢者に対する支援が両立できるか心配です。

・年金が少ないことが問題になっていますが、高齢者が大切にされる支援はありますか。

・高齢者と若者が交流できる施策を何か考えているか、知りたいからです。
・私の叔父は上尾市の介護施設の空きがなく、群馬県の介護施設に入っています。上尾市の介護施設は足りているのか、知りたいからです。
・家族の介護で大変な家庭への支援策はあるのか、知りたいからです。

6．共生社会を、どのように実現していきますか。

・市で生活する外国人のために、どのような支援をするのか知りたいからです。
・外国人向けの日本語表記を増やしたり、交流の場を設けたり、病院や郵便局、公共施設に外国語が話せるスタッフを派遣したりすることについて、どう考えるか知りたいからです。
・外国籍の方が増えているので、外国籍の人の選挙権をどう考えるか知りたいからです。
・同性カップルが不利益を受けないように渋谷区のようなパートナーシップ制度がほしい。
・日本はジェンダー平等やＬＧＢＴＱへの対応が遅れています。市では進めてほしいです。
・障がいのある方が住みやすい街にするために、どのようなことをするのか知りたいです。
・白杖で歩いていた人が電柱にぶつかりそうでした。もっと点字ブロックを付けてほしい。
・視覚障がい者のために、音が鳴る信号機をもっと増やしてほしいと思ったからです。

7．市民の声をどのように受け取り、政治に生かそうと考えていますか。

・「小中学校の特別教室へのエアコン設置署名」が多く提出されたのに何も改善されていません。市民の声を受け止めているのか、どう生かしていくのか知りたいからです。

・暮らしやすいか居心地がいいかを決めるのは市民なのだから、上尾市をより良くするには市民の声を聞くことが大切だと思っているからです。

・若者が政治に関われる場を何か考えているか、知りたいからです。

・丸山公園の遊具設置について市民にアンケートを取ったように、市民参加型の取り組みを増やしてほしいと思っているからです。

8．投票率を上げるためには、どうしたらいいと考えていますか。

・投票に行く人が少なく、このままでは日本の政治がダメになると思うからです。

・埼玉県知事選挙や先の地方議会選挙などで投票率が低いことが気になったからです。

・若者の政治への関心の低下に対して、危機感を持っているか知りたいからです。

・若い人がもっと議員に立候補できれば、関心も高まると思っているからです。

・ネットを活用した政治や選挙の配信をもっとしてほしいと思ったからです。

・候補者や市議会議員の人たちと直接話をする授業や取り組みはできないか知りたいです。

9．国の政策について、どのように考えていますか。

・防衛費の増額に賛成ですか。増税の可能性があるから、知りたいです。
・ウクライナだけでなく、ガザでもひどい戦争が始まってとても不安です。戦争に対して日本はどう対応したらいいと思いますか。
・ガザで起きていることに対して、日本の対応は今のようでいいのか気になるからです。
・アメリカが起こした戦争に日本は加わるのですか。集団的自衛権の容認などで戦争に前向きなのかと心配しているからです。
・お母さんが最低賃金をもっと上げてほしいと言っていました。どう考えますか。
・高校までの学費無償化を公立私立問わずに実現してほしいですが、どう考えますか。

10．防災について、どのような方策を考えていますか。

・大震災の時に避難所となる小中学校の耐震性は大丈夫なのか、気になるからです。
・大災害では学校が避難所となり、私たち中学生にもできることはあるのか知りたいです。
・高齢者のために、ネットではなく各家庭に防災マップを配布してほしいと思うからです。
・上尾市には川も多く、水害が起きた時にどこに避難すればいいか心配だからです。

質問書というより、要望書に近いのではとつくづく感じます。それだけ、中学生は身近な社会やそこでの暮らしを当事者として考えているのではないでしょうか。

まず、『街づくり』について、道路・信号・街灯の整備など生活の一部になっている事柄に関して、具体的な要望を出しています。また、公共交通の充実を願い、宅地開発に伴う自然環境の減少に心を痛めています。そして、「のびのびと遊べる公園が欲しい」、「映画館、美術館、博物館などの文化施設を充実させてほしい」、「子どもの居場所となる無料の学習施設が欲しい」など政治に実現してほしい中学生の立場からの希望が、具体的にあげられています。

また、自分に関わりのある事柄ばかりではなく、「お母さんが物価高で大変そう」、「ひとり親家庭の生活が大変そう」、「家族の介護で大変な人への支援策は（あるのか）」、「障がい者で困っている人がいた」など、自分が見たり聞いたりしたことで他人事とは思えず、自分に引きつけて考えようとしています。『共生社会』や『市民参加の政治』、『投票率を上げるために』では、若者の視点から提案しています。『災害時』には、「中学生にもできることがあるか知りたい」など、自分事として考えようとしているのです。戦争にならないようにと、『国の政策』も問うていました。

中学生が取り上げたこれら一〇項目で約一五〇の質問は、私たちの社会が抱える課題をも鋭く問うているのではないでしょうか。中学生の感性や率直な姿勢から私たちが教えられます。

何より、三〇もの小項目となった『小中学校の教育環境整備』についての質問は、中学生が主体者としての質問・意見です。これらの声に誠実に答えることが、私たちの代表として選ばれた議員の大切な責務ではないでしょうか。たとえ、現在は選挙権がない中学生の声だとしても、中学生も憲法でその人権が保障された国民の一人であるという意味で主権者です。「中学生の声」に答えてほしいと思いました。

◆市議会の七つの会派に質問書を手渡す

一二月三日の市議選投票日を前に、一一月一三日の夜、市議会にある七つの政党・会派（無所属会派も含む）の代表宅（選挙前なので市の議員控室にはしばらくの間誰も来ないと市の議会事務局で教えられ、広報などで公表されている各議員の住所をお聞きした）へ直接伺い、「中学生の質問書」を届け、趣旨を説明して回答をお願いしました。

地方議会は国政と全く同じではないにしても、やはり日本の政治は政党政治であり、議会での議決は政党や会派で同一の行動をとるのが通常と理解しています。議員個人としての信条や考えに違いはあるでしょうが、政治を実現する、例えば法律（条例）を制定したり、予算を議決したりすることに、政党や会派での一致した行動が普通なのだと思います。だとすれば、地方議会の選挙であっても、私たちはその政党や会派（無所属会派も含めて）がどんな政策を実現しようとしているのかを知り、私たち国民（市民）の要望や願いと一致するのはどこ（だれ）なのかを考えて選ぶことが大切だと思います。それが、間接民主制の本旨です。また、実際の選挙権がない中学生にとって、「模擬投票」は主権者教育という学習の一環と考えています。仮に議員個人を選ぶとなれば、身近な議員の知名度や親しみ度に左右され、人気投票的な要素が強く働いてしまうのではないかと考えます。そこで、地方議会議員選挙も中学生の質問書に対する「政党・会派の政策」を検討し、自分の考えと合う「政党や会派」に投票するスタイルにしたのです。

◈実施できなかった「中学生の模擬投票」

しかし、過去二度の国政選挙の時のように市議会議員選挙に合わせた「中学生の模擬投票」は、実施することができませんでした。最大の理由は、「中学生の質問書」を送った政党・会派から回答が一つしか来なかったからです。国政選挙の時にこのようなことは一切なかったのですが、市議会の会派または議員の中から市の教育委員会に対して、「中学生の模擬投票」に関する質問や要望があったためです。

その詳細は省きますが、「中学生の模擬投票」は、校長も了解し教育課程に則り実施した教育活動です。国政政党の場合は、「メールでの回答でいいか」と「回答が二日ほど遅れるが待ってほしい」という連絡が担当である私に直接ありました。これまでにも、企業や大使館、他の自治体などと生徒の質問内容を含む手紙のやり取りをしてきたことは、前章までに述べたとおりです。その際、問い合わせが学校の担当者以外に来たことはありません。やり取りが必要であれば、当事者同士がおこなった方が誤解も生まれず、修正が必要ならば当事者間で行うこともできます。そこに、教育委員会が必要なのでしょうか。手続きや法規上に問題がないのであれば、学校が行う教育活動は学校に任せた方が忙しい教育行政も他の仕事に専念できると思います。地方議員の中に、学校の教育活動については教育委員会が何事も指導すべきであると考えている方がいるとすれば、「教育課程の編成権は各学校にあり、校長のもとで自主的な教育活動を行うことが基本」という現代の学校のあり方について、もう一度考えてほしいと思います。

◈当選した議員三〇人に、「中学生の質問書」を届ける

回答を得られなければ実施できない、私たちの「中学生の模擬投票」です。残念でしたが、学校には日程を変更して実施するゆとりはありません。ですが、「中学生の声」を届ける責任が私にはあります。そこで、今回の選挙で当選した三〇名の市議会議員ひとり一人に、次のような手紙（一部抜粋）を添えて、中学生一六〇〇人の「中学生の質問書」を郵送しました。

「私たちが上尾市議会に議席を持つ政党や会派に『中学生の質問書』をお送りしましたのは、日本の政治が政党政治であり、政党の政策を知ったうえで主権者としての一票を投じてほしいと考えているからです。中学生の模擬投票なので、政党によって政策が違うことや自分の願いや希望を実現してくれる政党はどこなのかを知る学習であることに主眼があります。どの政党を選ぶか、どの個人を選ぶかに中心があるわけではありません。また、三〇人を超える候補者個人を対象にしますと選択肢が多くなり、中学生には比べることが難しいと考え個人ではなく政党や会派

に質問書をお送りした次第です。しかしながら、国政選挙と地方議会選挙では私たちが予想した以上に違いがあることもわかり、地方議会選挙での『中学生の模擬投票』にはさらなる配慮と工夫が必要であるとも考えました。

そこで、今回の「二〇二三上尾市議会議員選挙に関する『中学生の質問書』」（別紙）に関して、皆さまに改めて以下のような二つのお願いをする次第です。

一．この『中学生の質問書』は、将来の上尾の主権者である中学生が率直に思っている上尾の政治についての質問や意見です。ぜひすべてに目を通され、中学生の願いや希望が少しでも叶いますよう、これからの議会政治に役立てていただきたいと心よりお願い申し上げます。

二．今回は、教育課程の日程上の問題から『中学生の模擬投票』を全校で実施するのは難しくなりました。しかし、国民主権や議会制民主主義、請願権などの基本的人権、地方政治での直接請求権などを学ぶ中学生にとって、最も身近な政治である地方議会で活躍する上尾市議会議員の皆様から、自分たちが考えた質問や願いに回答をいただけるという教育活動は、主権者教育にとってとても重要なことだと考えます。北欧をはじめとする主権者教育の先進国では、このような教育活動は当たり前のこととなっています。その社会風土が投票率八〇％という成熟した民主主義につながっているのではないでしょうか。地方選挙などでは投票率が三〇～四〇％台になる日本の危機的な民主主義を変えていかなければならないと思います。そこで、皆さんには『中学生の質問書』の一〇ある質問のうち三つでも四つでもよいので、関心の強い事柄や実現したいと強く考えていらっしゃる事柄について、回答をいただけないでしょうか。議員の皆さまからの回答はそのまますべて印刷して中学生に配布し、授業で読み合い感想を話し合うなど主権者教育で大いに活用させていただきたいと考えております。中学校の教育課程の都合などがありますので、大変恐縮なのですが、一月二六日（金）までに回答（Ａ４サイズの文書形式で電子メールでの送付をお願いします）を送っていただけますよう重ねてお願い申し上げます。

中学三年生は、三年後には選挙権を持つ有権者となります。平和で民主的な社会を担う賢い主権者に成長してほしいと願っています。皆様から回答をいただければ、中学生はふるさと上尾の将来や政治に希望を持ち、進んで上尾の豊かな未来に貢献しようとする大人に成長していくと信じています。どうぞよろしくお願いいたします」

六人の議員と一つの会派から回答が届きました。中学生の質問に誠実に答えてくれたものばかりです。私たちの教育活動への助言も含め、中学生の声に応えてくれた議員の方々にはとても感謝しています。回答はそのまま生徒に配布し、私のクラスで回答集をもとにした主権者教育を行いました。自分たちの質問に対して身近な議員がどのように考えているかを知ることができ、中学生も喜んでいました。一方、「未回答の議員さんはどのように考えているのですか」と、心配する生徒の声もありました。

この質問書をきっかけに、実際に中学校へ足を運び、生徒の要望が多い事項について教育環境を視察する議員も現れました。エアコン設置や臭いのする和式トイレについて、議会でその改善を要求する議員がいたことも広報などで知りました。学校の教育環境が議会や議員の間で取り上げられるようになったことは、『中学生の質問書』がつくり出した大きな変化です。

2 政治学習のまとめ「市長への手紙」

◈地方自治の学習で教えたいこと

それは、「地方自治は民主主義の学校」ということです。地方の政治が国政と大きく異なる点は、住民自治を肌で感じ、実際に主権者として様々な活動を行えるところです。国民主権の社会であっても、多くの国民がそのことを意識できる場面は、国政の場合には「選挙」が唯一の機会になるといっていいでしょう。

しかし、地方政治の場合、特に市町村レベルでは、日常のごみ問題、道路・公園の使用や安全の問題、誰もが当事者になり得る福祉や介護の問題、未来を育む子育てや保育、学校教育の問題など、身近な事柄について安心・安全で豊かな暮らしを叶えたいと住民が協力し合い、その希望や要望を行政に直接伝え実現する道があります。自分たちの街の暮らしは自分たちでつくるという住民自治があり、だから「直接請求権」という地方自治にしかない住民の権利も保障されているのでしょう。住民の代表である市町村長や議員を選挙で選ぶことはもちろん、解職（リコール）を求めることもできるのです。「地方自治は民主主義の学校」と言われる所以です。

「民主主義の学校」といえるこれら住民の権利を、中学生にしっかりと教えることが大切です。それも、具体的な事例を通して生徒をその立場に立たせ、「自分ならどうするか」という当事者意識を持たせながら住民の権利について考えさせたいものです。

授業ではいつも、生徒が暮らす上尾市でかつておこなわれた住民投票について取り上げます。「平成の市町村大合併」といわれた当時の社会的風潮に対して、上尾の人々が街のいまと未来について自主的に考え、住民運動を通して「住民投票」に取り組んだ歴史です。中学生にとって、自分の街の歴史に基づく学習は身近に感じ、自分事のように考えることができます。

また、教科書にある事例から、「新潟県巻町の原発建設の是非を問う」住民投票を教材として取り上げています。巻町の住民運動の具体的な場面について、中学生と考え話し合えるからです。最近の「沖縄・辺野古新基地建設の可否を問う」住民投票も教材化していきたいものです。

◈「市長への手紙」を書こう

地方自治の学習を終え、まとめとして「市長への手紙」を書きました。前述したように、これまでにも政治について知りたいことや意見を、国政政党や議員との間でやり取りしてきました。

主権者である中学生にも大人と同じ、あるいはもっと純粋な願いや要求があることがわかります。これらの要求を、当事者として暮らす自分の街で、少しでも叶えていきたいものです。声をあげ、「その要求が正当で、多くの支持があれば社会は変えることができる」という民主主義の原点を、市長への手紙を書くことで考えてほしいと思いました。やっと制定された「こども基本法」が絵に描いた餅にならないように、子どもの意見表明を実効性のあるものにしていきたいです。生徒には次のような資料を配り、「市長への手紙」を書くことを提案しました。

「政治学習が終わりました。まず、平等権、自由権などの憲法の人権規定を学び、誰もが人間らしく生きる権利があることを学習しました。そして、私たちの人権を守るために政治はどんな仕組みになっているのか、立法、行政、司法の役割と三権分立について学びました。政治学習の最後には、私たちの身近な地方の政治について、特に住民には『直接請求権』という国の政治にはない特別な権利があることも学びました。一方、上尾市議会選挙に合わせて中学生が知りたい政治のことも考えてみました。自分たちが暮らす街・上尾市が、もっとこうなればいいなあという中学生の願いや、上尾市の課題はこんなことだからそれをこう解決してほしいなどの意見まで、多方面にわたって具体的な質問や意見を考えることができました。政治学習のまとめとして、私たちが暮らす街・上尾市の首長である上尾市長に手紙を書きましょう。これまでの学習を踏まえ、次の二つのことに注意して将来の主権者として責任のある手紙を書いてください。

①私たちの願いや要求を実現するのが国民主権の政治です。二〇二〇年度に上尾市に寄せられた『市民からの質問や要望』で多かった項目は、〇健康・福祉・医療、〇教育・文化・スポーツ、〇環境・安全・自然、〇まちづくり・道路や施設の整備、に関することでした。小さな子どもや小学生、中学生や高校生、若者、子育て中のお母さんやお父さん、年金で暮らすお年寄り、様々な障がいを持ちながら暮らす人々、上尾に暮らす外国人などいろいろな立場の人たちの視点から、上尾市がどんな街であったらみんなが暮らしやすいのか考えてみましょう。

②上尾市の課題や、上尾市の政治に対する自分の願いや要望の中から特に市長に伝えたい事柄を一つか二つに絞って、なぜあなたはその事柄を取り上げるのか理由を示しながら、自分なりの解決策や提案なども含めて、あなたの考えを書いてください。

中学校社会科の目標は、『平和で民主的な国家・社会の形成者』（学習指導要領）を育てることです。つまり、平和で民主的な社会をつくる賢い主権者を育てることです。市長への手紙は、中学校を卒業すれば三年以内に選挙権を手にする主権者となるみんなが、自分たちが暮らす街のいまと未来を考えることで、自分が一人の市民として平和で民主的な社会にどうかかわるのかを示す一つの行動にもなります。市長や上尾市の行政に携わる皆さんに、みんなの願いや提案・意見がしっかり伝わるように、丁寧な文字で説得力のある手紙を書いてください」

3 中学生が「市長への手紙」で伝えたこと

◆中学生は、なぜ市長への手紙を書いたのか

「市長への手紙」の冒頭に、中学生はこの手紙を書く理由について次のように書いています。

「憲法や三権分立を学び、地方には直接請求権という直接民主制に沿っている権利があることも知りました。地方政治では、そこに住んでいる住民の意見に耳を傾けやすいからと理解しました。そこで僕も上尾市について感じていること、思っていることを正直に書くことにしました」

「政治の学習が終わりました。勉強を通して、自分の住む地域をより良くさせるには、住民が意見を持ち、考えを明らかにすることが大切なんだと思いました。なので、私は上尾市がどんな街であったらみんなが暮らしやすいかを考えてみました」

「私たちは身近な地方の政治を学習し、住民には『直接請求権』があることを知りました。あと三年で選挙権を持つ私たちが上尾の課題を考え、『こうなってほしい』という願いを伝えることはとても大切だと思い、この手紙を書きました」

「地方の政治は国とは大きな違いがあることも知りました。直接請求権は条例を提案できたり、

首長や議員の解職を請求できたりする大きな力を住民が持っていることを知りました。しかし、私はこの権利の力をうまく発揮できていないと思います。『地方自治は民主主義の学校』というなら、みんなの利益となる要望には耳を傾けてほしいと思います」

中学生の言葉でまとめるなら、地方政治は「そこに住んでいる住民の意見に耳を傾けやすい」ことを学び、よりよい街にするには「住民が意見を持ち、考えを明らかにすることが大切」で、『こうなってほしい』という願いを伝えることはとても大切」なことです。でも、私たちは「この権利の力をうまく発揮できていない」と感じるからこの手紙を書くので、「みんなの利益となる要望には耳を傾けてほしい」と、言っているのだと思います。

また、「市長への手紙」に中学生が何を書いたのかといえば、

「まとめとして『住みよい街・上尾とはどのような街なのか』」

「上尾の素晴しい制度がもっと多くの人に知られ、住んでみたい、『子育てするならやっぱり上尾ね』と言ってもらえるような街になってほしい」

「『上尾市にもっと住んでいたい』と思う人がもっと増えるように、上尾がもっとより良くなるように、中学生の私たちから『こうなったらいいな』と思うこと」

「これは、上尾市を全ての人にとってより良い街になるように書いた提案」

と書いているように、「自分たちが暮らす街がもっと良くなるように」という中学生の願いや希望を書いたのです。

そして、中学生はそれぞれの手紙の最後に、

「私はあと三年以内に有権者となります。自分たちが暮らしやすい街を考えていきます。将来のために、僕たち一人ひとりの意見を大切にしてほしい」

「上尾市はとても素敵な市だと思います。生まれも育ちも上尾でよかったと思っています。でも、もっとより良い市になるために、私たちの意見も聞いてほしい」

「『上尾市に映画館が欲しい』という声はよく聞きます。中学生のアンケートでも多くの人が要望していました。中学生の意見にも耳を傾けてほしい」

「今の政治には、若い人たちの意見を取り入れていくことが大切」

「上尾の未来を担う子どもの声を聞いてくださるとありがたい」

と、主権者のひとりである「中学生の声を聴いてください」と訴えています。

◈「市長への手紙」に書いたこと

生徒は、これまでのノートや「市議会議員選挙に合わせた中学生の質問書」などを見返しながら、考えては立ち止まり、立ち止まってはまた筆を進め、一生懸命に思いのたけを書きました。全部で二六四通の中学生の「市長への手紙」です。一三通ほど紹介します。

「私は、地方自治の学習で『地方自治は民主主義の学校』ということを学びました。そこで、私は二つの要望をこの手紙に書かせていただきます。一つめは、上尾市全ての中学校の特別教室にエアコンを設置するということです。私たち大石中学校の体育館にはエアコンがありますが、理科室、美術室、給食調理室にはエアコンがありません。そのため夏場は暑く、熱中症になりやすいため非常に危険です。また、暑くて授業に集中できません。特別教室にエアコンを設置してほしいです。二つめは、道路に街灯を設置してほしいことです。私の通学路には街灯が少なく、夜になると暗くなり周りが見えにくくなります。冬場の部活帰りはいつも暗く、一人で帰る時はとても怖かったです。そう思っている人は他にもいると思います。市の予算を一度見直し、実際に学校を訪れて、私たちの『声』を聞いてほしいです」

「私の通う中学校は創立七〇年を超える歴史ある学校です。歴史があるゆえに校舎は古く、エアコンが壊れていたり無かったり、トイレは汚く常に異臭が漂っています。エアコンがない理科室と美術室など夏は暑く、冬は寒いです。夏に関しては、エアコンがなければ体調が悪くなるほどです。女子トイレは六つの個室のうち五つが和式で、洋式トイレは一つしかありません。和式は洋式と違って蓋がないので、流すときに菌が飛び散りやすいです。他の中学校も似たような状況かも知れません。未来ある若者のために、エアコンをつけてほしいです。無駄に税金を使うより、学校にエアコンを設置したりトイレを改善したりして、学生の安全を守るために税金を使った方がいいと思います」

「私たちは社会科の授業で政治の学習をしました。その中で、今私たちが暮らしている上尾についても様々なことを考えました。私が一番強く考えたことは、『誰もが安心して自分らしく教育を受けられるようになってほしい』ということです。学校は私たちの生活と切り離せないものですし、教育はとても大切なものだと思います。『教育は社会全体の利益』という言葉を聞いたことがあります。これを聞くと、教育は社会の土台だと考えることができます。私は、上尾の教育について不十分だと感じる部分があります。エアコンがついていなくて、体育後の授業で涼めずに早退する子がいました。全校で同時にクロームブックを使いアンケートをやろうとすると、回線がつながらなかったこともあります。また、厳しい校則や制服のレパートリーが少ないことで息苦しさを感じることも多々あります。金銭面から修学旅行などの行事に参加することをためらう家庭があるかも知れません。このような課題を見ると、上尾市の教育はもっともっとよくなれると思います。実際、エアコンの設置や給食費の補助などが始まっていますし、私たちも署名活動に参加したりしました。様々な課題があり、お金がないとできないことも多いので、全てをすぐに解決することは難しいです。しかし、少しずつでも変えようとする意識とやる気が大切だと思います。私ももっと上尾市について知り、課題を自分事として捉え、解決策を考えていきたいです。上尾市の良さを伸ばし、多くの子どもがもっと学校を好きになったらいいなと思います。私たちの思いを、実現に向けてどうぞよろしくお願いします」

「地方公共団体について学習した際、小・中学校の給食費を無償にする自治体が全国で増えていることを知りました。私は、この取り組みは素晴らしいと思います。給食費を年間で約六万円、九年の義務教育期間に五〇万円以上払うとかなりの額になります。これを無償にすると、子どもがいる家庭の負担が軽くなるからです。しかし、上尾市ではまだ給食費は無償化されていません。これは、他の自治体と比べて遅れているのではないでしょうか。市民が暮らしやすく過ごしやすい環境を作っていくことが、市長の一番の仕事ではないですか。これは、私の両親や友人、担任の先生もそう思っています。近くの北本市では、今年の四月から無償化を行っています。上尾市のさらなる発展のためにも、すぐに行うべきです。無償化することで喜ぶ人はたくさんいます。私は、もう高校生になりますが、自分の後輩たちやこれから入学する子どもたちのためにも、給食費を無償化していただきたいです」

「この三年間、私たちは上尾市を見て調べ、そして考えてきました。上尾市はとても良い所だなと思いました。でも、少し気になる所もありました。一つ目は、市内循環バスのぐるっとくんについてです。先日、駅まで乗ろうとしたのですが、他のバスに比べると本数が少ないと感じました。高齢化が進んでいる今、歩いたり自転車で移動したりするのが辛いという方も多いのではないでしょうか。高齢者だけに限らず、障がいのある方や子育て中のお母さんなどもです。一時間に来るバスの本数を増やし、誰でも気軽に乗れるようなバスになってほしいと思います。二つ目は医療費助成制度についてです。周りの市は高校生を対象とした医療費助成制度が充実していますが、上尾市は高校生になると入院のみの助成となり、通院に対しての助成はありません。これから私たちも高校生になるので、もしケガをして通院することになったと考えると、私も親も不安になります。助成制度を見直していただけると安心して過ごすことができると思います」

「私は、『一八歳までの医療費無料化』をお願いしたいです。私は来年から高校生になり、医療費がかかってしまいます。しかし、桶川市のように一八歳まで医療費が無料だと、私にとっても私の親にとってもとても助かります。二年前、私の兄が高校一年生で肺気胸という病気になりました。肺に穴が開いてそこから空気が漏れるという症状です。上尾中央病院に入院しましたが、親には多額の医療費がのしかかりました。父母が夜に頭を悩ませていたことを知っています。一年後に兄は再発しましたが、この時は市が医療費を負担してくれてとても助かりました。『一八歳まで医療費が無料』であれば、市民にとってとても助かるはずです。私たちは、高校生になってもまだ収入を得られないので、親が子どもの医療費を負担することになります。どうか『一八歳までの医療費無償化』を実現してください」

「市長さんへ聞きたいことが一つあります。それは、自然についてです。今、私たちの街で森林伐採が増加していることをご存じでしょうか。なぜ、私がこのような質問をするのか、なぜ森林の伐採に注目しているのか、それは私自身の体験談と共に話したいと思います。私はその日、公園で友達と遊んでいました。その時友だちが『あそこについ最近まで大きな木があったのだけど、なくなっちゃった』と言ったのです。一か月経ち、私が再びその公園を通りかかった時も数本の木や植物が伐採されていたのを見つけました。私は帰宅してそのことを母に話すと、母は『それは、いわゆる自然破壊だよ』と言いました。私はその言葉を聞いた瞬間、自然の大切さをあらためて感じました。森林伐採が起こると地域に緑が失われるだけでなく、二酸化炭素が増え環境にも悪影響となることを知ってほしいです。市長さんには、これ以上森林伐採をせず、各地の公園や広場などに植物を植えるよう活動してほしいです」

「僕は上尾で生活し、ほとんどが何不自由なく暮らせていますが、視点を変えてみると少しだけ不便なことがありました。それは、車イスの方への配慮です。僕はバレーボール部に所属しており、学校総合体育大会を上尾市民体育館で行いました。今年からコロナが収まり、入場数が緩和され車イスの祖母が応援に来てくれたのですが、二階の応援席に行くための方法は階段しかなく、上がるのにとても時間がかかってしまいました。この経験から身近な建物である学校も調べてみましたが、やはり上の階に行く方法は階段しかありませんでした。これは、車イスの方への配慮が足りないと思います。そのため、公共の建物には事情がある方専用のエレベーターを設置するべきだと思います。そうすれば、車イスの方はもちろん、足をケガしている人や高齢者、妊婦さんなどたくさんの人が助かり、今まで以上に暮らしが快適になると思います。上尾に住むすべての人が不自由なく暮らせることを僕は願っています」

「三年生になり公民の授業を受け、市民が持つ様々な権利について学びました。そこで上尾市についての課題と解決案を身近なもので考えてみました。私が考えた一番身近な課題は子育て支援についてです。兄がいてひとり親家庭の私は、もうすぐ高校生になることに不安と申し訳なさを感じています。理由は単純で、お母さんが『児童手当がつかなくなった。余計にお金が無くなってしまう』と言っていたからです。高校生になると、学校へ行くためのお金がたくさん必要になってくると思います。バスを利用するにしても、電車を利用するにしても、高校に行くまでの交通費だけでもたくさんのお金が必要になります。私の家から中学校までの通学路に保育園と幼稚園が合わせて三つあり、他に知っているものも含めると近所に五つの保育施設があります。たくさんの保育施設が揃っていることで地域のお母さんたちは助かり、よい子育て支援になっていると思いました。でも、それ以上の年齢になってくるとどうでしょうか。お金がないから私立の高校へ行きたくてもあきらめなければならない人がいたり、高校や大学のお金が高くて生活が苦しくなってしまったりする人が大勢います。奨学金という名の借金を背負っている人も多くいます。そこで、高校生や大学生がいる家庭に給付金を配ったり、充分な手当てを受けられるような制度を作ったりして、より良い教育・子育てができるようにしてほしいです」

「私の母は保育士として働いています。母は、仕事は大変で給料も安く、人手も不足しているとよく嘆いています。少子高齢化の今、より保育士を確保して子育ての環境を充実させるためにも、補助金や人員の支援をしていくべきではないでしょうか。私が子どもを増やすために注目しているのが育休についてです。日本の多くの企業は中小企業です。そのため、一か月程度の育休なら何とかなるかも知れませんが、一年以上となれば育休中の人の仕事の分が回らなくなってくるという事態が起きています。すると、会社側は従業員に育休を与えることに消極的になります。実際、育休を取られたら嫌だという理由で、女性を雇ってくれない会社もあると聞きます。そのような社会の風潮では、『子どもを産んだら損』、『子どもを産んではいけない』と思ってしまうのは当然だと思います。出産後に子育てをしている人に補助金を出すことも大切だと思いますが、負担のかかっている会社側にも何か支援をしてほしいと思います。例えば、女性を一定数雇っている会社には支援金を増やすことです。そうすれば、会社側は女性を雇うことに積極的になり、女性の社会参画をサポートすることができます。要望ですが、ぜひ検討してください」

「いつも私たち上尾市民のために活動をしてくださり、ありがとうございます。私は小学生の時に父の仕事の都合で上尾市に引っ越してきました。私が引っ越してきた時よりも、今の上尾はもっと豊かで暮らしやすくなっていると感じます。アリオやイオンモールなど大型のショッピングモールができ、丸山公園など子どもたちの遊び場もあります。何より小・中学校の体育館にエアコンが付いていることが嬉しいです。ですが、質問や願いもあります。一つ目は、私の家の近くの公園の木が全て伐採されていることについてです。地球温暖化が進む中、その対策は十分なのでしょうか。もっと自然を残してほしいです。二つ目は、テスト前に勉強できる無料の学習施設を作ってほしいということです。私はいま、中三で受験生です。私が住む場所の近くに気軽に勉強ができる施設があると、とてもうれしいです。また、子どもたちの多くの要望である映画館も作ってほしいと思っています。上尾市をよりよい街にするために、ぜひ検討してほしいです。私たちも自分たちにできることを探し、行動に移せるよう頑張ります」

「授業で、政治について学習しました。自分は上尾に住んで七年になります。なぜ七年かというと、自分は外国人で小二の頃にここへ来たからです。そこで、自分は上尾市がどうなれば市民が楽しく安心して暮らしやすい市になるかを考えてみました。上尾市は、健康や医療、教育、安全な街づくりはとてもいいですが、スポーツや福祉がしっかりされていないと思います。友だちや市民の方からよく聞くのですが、スーパーやレストランではすべてが漢字で読めない。写真もないから行きづらい、頼みづらいと言っていました。このように外国人や漢字が読めない人にとってとても不便だと知りました。なので、英語やカタカナ、ひらがなを増やしてほしいです。また、スポーツ施設については学生からの不満が多く、公園はあるのにサッカーや野球ができない、バスケのコートがないなどの声があります。野球やサッカーができる公園を増やしてほしいです。バスケのコートはわざわざ伊奈町まで行っている人もたくさんいます。なので、もっとスポーツができる公園を増やしてほしいです」

「社会の授業で公民を勉強し、上尾市がもっとこうなったら良いと思うことについて書きます。一つは、上尾で暮らす外国人についてです。私は英語が好きなので、毎月届く上尾市の冊子の一番後ろにある外国語のコーナーをよく読みます。その月に取り上げられているイベントや子どもへの支援など内容は様々ですが、日本語で書いてある内容よりどれも省略されていると思います。より多くの情報を知りたい人はこちらを調べてくださいと端に書いてありますが、手間がかかったり十分に理解しないまま市役所へ行き困ったりすると思います。だから、もっと外国語のコーナーのページ数を増やして日本語と同じくらい詳しく書いてほしいです。そうすることで、外国人の方も不便なことが減って快適に過ごせると思うからです。二つ目は、私が思う民主主義についてです。そこに住んでいる国民や市民が政治の方針を決めるという意味です。しかし、私たち市民の意見や要望を全て受け入れ叶えることはとても難しいと思います。けれど、検討していただけるものはぜひ実現してほしいし、なかなか実現が難しい内容についても無視せず、何か反応をしてほしいと思います。住民が動けば、市にも県にも国にも影響を与えられる民主主義であってほしいです」

どの手紙も、中学生が自分の実体験にもとづいて書いています。地に足の着いた自分の生活から感じていることを書いたので、説得力が生まれるのでしょう。「私も家族も地域の人も暮らしやすい街になる」には、こんなことを実現してほしいと願いや要望を書いています。地域に暮らす市民の多くが感じていることを代弁する、真っ当で建設的な意見ではないでしょうか。この声に耳を傾け、知恵を絞って少しでも叶えていくことが政治の責任ではないかと心から強く感じます。

行政からいただいた回答の中に、「市長への手紙とのことで、要望をいただいておりますが、授業のなかで新たな給付や手当、〇〇無償化などすべて財源が必要なこともお伝えください。お金は有限であり、何かを無料にするには他の施策を削るなり、国民の負担（増税など）を増やさなくては財源が確保できないという仕組みもぜひ学びの中に取り込んでいただけますと、要望が現実味を増してくると思います」というものがありました。地方財政が決して豊かとは言えない地方の行政に携わる立場から、住民の暮らしを少しでも良くしていきたいが、それを叶える財源の確保に苦労されていることは理解できます。

しかし、そうであるならば、二〇一三年に約四兆七〇〇〇億円であった文教費が一一年後の二〇二四年の約四兆六〇〇〇億円までほぼ横ばいで変わっていないのに比べ、防衛関係費が約四兆七五〇〇億円から毎年上昇し、「専守防衛」を国是としてきた国で「敵基地攻撃能力の保有」にまで踏み込み、膨大なミサイル配備に巨額の税金をつぎ込み、二〇二四年は七兆九五〇〇億円にまで膨らんでいる事実も伝えなければなりません。

また、一九七〇年代からの五〇年間で、学費が国立大学で五〇倍に、私立大学で一〇倍にも値上げされている日本の異常な高教育費についても教える必要があります。それらの根本にある、「高等教育費における公費負担の割合」（二〇二二年・ＯＥＣＤの調査結果より）が日本は三六％のワースト二位で、ノルウェーやフィンランドなどは九〇％以上、ドイツやスウェーデンが八〇％以上、パリオリンピックが開かれたフランスは七三％、イタリア、スペイン、オランダも六〇％以上になっている事実を中学生に伝え、これからの日本について共に考えていきたいものです。

現状を肯定し、その範囲の中でのみ物事を考えるのではなく、まさに広い視野に立ったものの見方が大切であり、現状を批判的に考察していく力を育てていきたいものです。それが、「平和で民主的な社会をつくる」主権者を育てることになると思うからです。

◈手紙を市長に直接届けることの意義

中学生が、政治学習のまとめとして「市長への手紙」を書いたのは、一一月下旬でした。これまでのように中学生の手紙を郵送で届けるのではもったいないと思いました。自分たちが暮らす街の市長に届けるのですから、直接渡すことは時間的にも可能です。何より、中学生が直接手渡すことに大きな意味があると考えました。その意味を、生徒の代表として手紙を直接渡した五人の生徒が、その時の気持ちを綴った短い文章から考えてみます。

市役所から教室に戻った五人は、次のように感想を書いて、ひと言ずつ述べ合いました。

「初めてのことでかなり緊張しましたが、良い経験だったと思います。あらためて、意見を言うことは大切で、勇気がいることだと思いました」

「ただ市役所に手紙を送るのではなく、直接持っていくということで、相手に強い思いがより伝わったのではないかと思いました。大石中だけでなく、上尾中の子たちも先にいたので心強いなと思いました。今すぐに何かが変わるとは思わないけど、行動したという事実が、これから上尾がより良くなるための力になると思います。実際に行けて良かったです」

「『市長への手紙を一緒に届けに行ってくれる？』と佐々木先生から言われた時はびっくりしたけれど、自分の言葉で伝えに行くというのはなかなかできないことだったので、今回無事に届けに行くことができて良かったです。『紙に書いて伝える』のと『言葉で伝える』のでは、やっぱり全然違うなと思いました。みんな、熱量がこもっていて心に響きました」

「手紙を渡すだけでなく、自分の手紙を読むことまでできて、とても良い経験になりました。市長に直接伝えられなかったので、手紙の内容がしっかり伝わるかわからないけど、市長の心に届いてくれればいいなと思います。要望が実現しなくても、中学生が手紙を書いて直接渡しに行ったという行動が、何かに影響して良い変化が起きたらいいなと思っています」

「直接市役所に行き、自分の願いを伝えることができて良かったです。三年後に有権者になる身として、自覚を持つことができました。教育部長さんがおっしゃっていたように、視野を広げよく見てよく考えて、これからの上尾の未来を創っていきたいです」

まず、「直接持っていくということで、相手に強い思いがより伝わったのではないか」、「『紙に書いて伝える』のと『言葉で伝える』のでは、やっぱり全然違うなと思いました。みんな、熱量がこもっていて心に響きました」と書いているように、直接会って自分の言葉で伝えることは、より強く中学生の気持ちを相手に伝えられるということです。それは、「勇気がいること」なのですが、「三年後に有権者になる身として、自覚を持つこと」になるのです。直接手渡すことの効果が大きいだけでなく、行動した中学生自身に主権者としての自覚を促すことになりました。

そして、「今すぐに何かが変わるとは思わないけど、行動したという事実が、これから上尾がより良くなるための力になる」、「要望が実現しなくても、中学生が手紙を書いて直接渡しに行ったという行動が、何かに影響して良い変化が起きたらいい」と書いています。「中学生が手紙を直接渡しに行った」という「行動した事実」そのこと自体に大きな意味があるということです。行動した事実は消えません。後に続く人たちの「より良くなるための力に」なり、「何かに影響して良い変化が起き」る契機になりうるからです。このことを考えた中学生は素晴らしいです。

今回は五人の生徒を、その手紙に書いた内容が重複しないように私の方で選んだのですが、時間に余裕があれば、クラスで発表し合い、自分たちで代表を決めていくことが望ましいと思います。そして、できるだけ多くの生徒にその機会を持たせられるよう、様々な工夫（例えば、代表生徒は市長に、内容別に代表者をそれぞれの部署や課に、など）と知恵が求められます。

◈市長ではなく、教育委員会（教育部長）へ

校長は私たちの取り組みに理解を示してくれました。教育委員会へ働きかけ、生徒が直接市長に手紙を渡せるようやり取りをしてくれました。しかし、間が悪いことに一二月初旬、私は網膜剝離で緊急入院し、手術をしなければならなくなりました。一週間、学校を休むことになったのです。一二月は成績処理や三者面談などもあり、学年の仲間に支えられて何とか乗り切りましたが、一二月中に市長に手紙を渡すことができなくなりました。今振り返ると、本当に残念です。それでも、年が明けたら生徒と一緒に市長に手渡す見通しでいました。校長が何度も確認を取ってくれていたからです。

ところが、新年早々に能登半島地震が起き、いろいろな会議が入り忙しくなったのでしょうか。それとも、私たち以外にも市長や議員、行政に手紙を渡したいと、市内でそんな取り組みがこれから増えてくると予想されたのでしょうか。「これからは、児童・生徒からの市長等への手紙は、いったん教育委員会で受け、それを市長等に渡します」といったニュアンスの対応に変わったのです。事前に五人の代表生徒の手紙を教育委員会に渡し、生徒と市長の懇談の場を新聞社（東京新聞さいたま支局）が取材する段取りもついていたのに、です。市長が多忙であれば、副市長や市長部局の責任者に代わることはできないのでしょうか。「市長への手紙」は、自分たちのより良い暮らしへの願いや要望を綴った、中学生の「政治」に対する声なのですから。主権者教育の

必要性を本当に望んでいるのであれば、「市長への手紙」を誰が受け取るべきか、明らかではないでしょうか。

それでも五人の生徒は、自分が書いた「市長への手紙」を教育部長の前で堂々と読み上げ、言葉にして訴えました。中学生の気持ちがこもった生の声を、市長に直接聞いてほしかったです。

◆中学生の声を、市役所の一八部署（課）へ届ける

生徒が書いた「市長への手紙」の内容は、多岐にわたりました。手紙は、まず市長に読んでほしいのですが、市の行政に携わる職員の方々にも読んでほしいと思いました。私の理解ですと、市長が読んだ後に、内容と関係の深い部署に回覧されるのではないかと思います。中学生が一生懸命に書いた手紙ですから、市長はもちろんですが、手紙の内容に対する具体的な返事が一つでも二つでもほしいと思いました。行動すれば、「何かが変わる」あるいは「何かが生まれる」という経験が、また次の行動につながると思うからです。「社会を変えることができる」と考える若い世代の割合が、他国と比べて高くないと言われる日本です。主権者意識を自覚できるためにも、若い世代の声に社会は何らかの反応を示すべきではないでしょうか。

中学三年生は、二月に入試、三月中旬には卒業式と、忙しい日々です。多忙な市長は、すぐには二六四通もの手紙を読み、関係部署に回覧することができないのではと危惧しました。そこで、私が生徒の手紙を内容別に分類し、手紙の内容と関係する部署はどこなのか市のホームページで

調べ、生徒の手紙を複写したもの（原本は市長へ）をその課に届けるようにしました。手紙の分類と主な内容、その課に宛てた手紙の数は、次のようになります（二つ以上の内容を書いている生徒もいるため、合計が二六四通より多くなります）。

（1）学校教育に関すること（一二一人）

①特別教室・給食調理室へのエアコンの設置	教育総務課、学務課	七四人
②タブレットの一人一台配布やネット環境の充実	教育総務課、学務課	一九人
③トイレをきれいに、和式から洋式への転換	教育総務課、学務課	一九人
④不登校の子どもへの支援の充実	学務課	四人
⑤校則問題	指導課	二人
⑥校舎の老朽化への対応	教育総務課、学務課	二人
⑦特別支援教室の子どもたちへの支援	学務課	一人

（2）安心・安全な街づくりに関すること（九〇人）

①道路の補修・改善、歩道の増設	道路河川課	一九人
②暗い道の街灯の設置	交通防犯課	三一人
③駐輪場の設置	交通防犯課	五人

④信号機の設置　交通防犯課　六人
⑤点字ブロックなどのバリアフリーの推進　建築安全課　一五人
⑥ぐるっとくん等の交通網の充実　交通防犯課　九人
⑦バイクなどの騒音問題　生活環境課　二人
⑧ごみの回収や収集　環境政策課　三人

（3）豊かな自然や充実した社会環境の実現に関すること（七三人）

①映画館などの文化施設の建設　施設課　二三人
②自由に使える公園の整備　みどり公園課　一六人
③豊かな自然を残してほしい　みどり公園課　一三人
④自習できる学習施設の設置　生涯学習課　三人
⑤スポーツ施設の充実　スポーツ振興課　一四人
⑥バランスの良い街づくり　都市計画課　三人
⑦さいたま水上公園の跡地利用　秘書政策課　一人

（4）子ども、若者、子育て、高齢者の支援に関すること（五四人）

①一八歳までの医療費無償化　子ども支援課　二九人

②高校の授業料無償化、義務教育後の教育支援	子ども支援課	一二人
③育児休暇制度の普及	子ども支援課	一人
④給食費の無償化	学校保健課	四人
⑤保育園の増設、保育士の待遇改善	保育課	五人
⑥介護支援について	高齢介護課	三人

(5) 地方自治や民主主義、人権に関すること（三四人）

①若者の政治参加、市民の声、投票率を高める	広報公聴課	一九人
②税金の使い道など市政の発信	広報公聴課	五人
③外国人への支援	市民協働推進課	九人
④パートナーシップ制度の拡充	人権男女共同参画課	一人

◆主権者を育てる、中学生の「市長への手紙」

中学生の手紙は、学校教育に関すること、特に「エアコンの設置について」が突出していますが、それに止まらない多岐にわたる内容です。中学生の立場からだけでなく、家族や地域の人の様子を知る実体験に基づき、同じ街に暮らす様々な立場からの提案や要望を書いています。中学生は、自分が置かれている環境がどんなものであるかを理解し始め、それらがどうなればもっと良い暮らしや環境になるかを考えたのです。中学生の書いた手紙を読み直し、そこに書かれたことをあらためて分析してみると、そこには未来への希望が見えます。「こんな社会が実現すれば、今よりもっとみんなが幸せに暮らせる」と、中学生が希望する社会の未来を語っているからです。日本の教育や困難な課題を抱える日本社会の暗闇を乗り越えていくには、未来の主人公である子ども自身が声を上げ、行動していくことに大きな意味があると思うのです。「社会は変えられる」と考える主権者が、より良い社会を求めて実際に「社会を変えていく」行動を起こすからです。子どもは教育の対象なのではなく、まさに主体者です。子どもの権利条約で保障する「参加する権利」を持つ主人公です。自らの力で自分が関わる世の中をつくり、より良い社会に変えていく主権者なのです。

中学生の「市長への手紙」からは、子どもたちの真っ当な社会への願いが読み取れます。市長への手紙を書くことは、中学生を教育の対象としての「子ども」から、自らの声を上げる主権者へと育ててくれるのではないでしょうか。そして、私たち「大人」は、子どもたちと共に、その真っ当な願いを実現できる社会や教育を創っていかなければなりません。

◈中学生の声は届いたのか

忙しい業務の中にあっても、七つの部署（課）から丁寧な返事をいただきました。生徒個人に宛てた返信もあり、もらった生徒は喜んでいました。市の行政には、様々な事業のこれまでの経緯や今後の計画、行政の役割とその範囲や限界、さらには実行するための予算など、中学生にはそこまで考えの及ばない複雑な側面もあるでしょう。「声を上げれば、何でも叶う」などということがあり得ないことは誰でも理解できます。しかし、社会は何のためにあり、誰のために政治はあるのか、民主政治とは何かという基本的な地点に立ち戻ったとき、中学生の「真っ当な声」に耳を傾けることはとても大切なことだと思うのです。「市長への手紙」を届けた中学生が、「今すぐに何かが変わるとは思わないけど、行動したという事実が、これから上尾がより良くなるための力になると思います」と書いていた、その通りではないでしょうか。

三月になると、市長からのメッセージが中学校に届きました。メッセージには「この度は、『上尾市長への手紙』において、素晴らしいご意見をありがとうございました。中学生の皆さんが、ご自身の経験を踏まえ一生懸命に考えてくださったと感じました。これから社会を支えていく存在として頼もしく感じ、皆さんが活躍する未来に期待が高まりました。いただいたご意見は、今後の上尾市政の参考とさせていただきます。……」と書かれていました。多忙な業務の合間を縫って、市長も中学生の手紙を読んでくれたのでしょう。大変うれしいことです。

そして、この手紙がきっかけになったのかは定かではありませんが、二〇二四年六月市議会で、二〇二五年度以降に特別教室のエアコン設置を順次進めていくことと、中学校の古い和式トイレの改修を二〇二四年の夏季休業中に行う予定であることの市側の答弁があったと知りました。「中学生の声」を知った議員の中には、これらの問題について議会で取り上げてくれた方もいました。エアコンについては、私たち（教職員組合）も議会への請願を行い、多くの市民と共に六六〇〇筆の署名を集めて提出したことは先に述べたとおりです。これらの声と共に、きっと「中学生の声」が市長や行政を預かる人々の心に届いたのだと信じたいです。前年の一二月市議会では、近隣の市町村と同じように上尾市でも一八歳までの子ども医療費無償化が決まりました。さらに、今では多くの自治体で給食費の無償化も実現しています。

「中学生の声」は、未来を予測しているのではないでしょうか。「中学生の声」に、社会を変革する大きな希望を感じます。

あとがき

コロナ禍の四年間を中心とする教育活動について、主権者教育をテーマにまとめたのですが、自分の考えを整理して文字に残す作業はとても大変であることがわかりました。同時に、まとめる作業は当時の記憶を甦らせ、中学生の残した手紙や意見文などを読み直すと、とても気持ちが前向きになり、奮い立つこともたびたびありました。大変でしたが、楽しい時間にもなりました。

以前、尊敬する大先輩から「社会科教師として、学級通信は子どもたちとの歴史を記すものと考えて書き続けている」と教えられました。何十年にもわたり、膨大な学級通信を残してきた先生です。その言葉に感銘を受けた私は、ここ数年ですが、「子どもたちとの歴史を刻もう」と意識した学級通信を書いてきました。早朝の頭脳明晰な時間帯には、書きたいことがどんどん浮かび、筆が進んだものです。教職最後の年には、一二〇号の学級通信を生徒に届けることができました。書きたいことがなぜどんどん浮かんだかといえば、中学生と過ごす毎日がかけがえのない楽しい日々だったからです。中学生の行動や、中学生が語る言葉や刻む文章にどれだけ元気をもらってきたことか、退職してあらためて思い知りました。教師を長く続けることができた一番の理由は、そこにあるのだと確信しました。この本も、コロナ禍にあった中学校でどんな教育活動がおこなわれていたかの一端を記す、学級通信ならぬ教育活動通信の記録になったでしょうか。記録を残すことの大切さをしみじみと感じています。

退職した二〇二四年四月以降、沖縄では前年来の五件の女性への性的暴行事件が沖縄県に報告されず、隠されていたといってもいいような不適切な事態が起きています。女性への蛮行自体、まったく許されるものではありません。いつになったら、この植民地のような扱いから平穏な生活を取り戻すことができるのか、沖縄の人々は怒りとやるせなさで一杯だと察します。このような不条理で差別的な日本の社会を、中学生はどう考えるでしょうか。一方、「核兵器禁止条約」が国連で採択され七年を迎えた「核の傘」のもとにある日本では、日本政府に核兵器禁止条約への参加を求める地方議会の意見書が、六八三（全一七八八議会の三八％）にも達したことを知りました。大きな変化が起きています。中学生なら、どんなことを思うでしょうか。私たちの社会の未来を中学生と一緒に考えてみたいと、その思いが消えることはありません。

ところで、この本の表紙は、昨年担任した生徒の安里満輝さんが描いてくれました。地元のカフェで表紙作成の依頼をした際、高校一年生になった安里さんは、「高校の文化祭で英語スピーチコンテストや弁論大会に出場する予定です。自分から立候補しました。高校生活でも自分から何事も積極的に行動していきたいと思っています」と、頼もしく語ってくれました。中学三年生の合唱祭に取り組んでいるとき、「みんなと本気の合唱をしたい」とクラスの仲間へ一〇分以上にわたり自分の気持ちを伝えて以降、よく考えて積極的に行動するようになった安里さんが、さらに成長し続けていることを知り、とてもうれしく思いました。その時の雑談で広島平和式典をテレビで見たことが話題になり、「来年は戦争が終わって八〇年。被爆八〇年になる。広島に住んでいない私たちも、何かすべきなのではないか」と話すと、「プロジェクト・核兵器のない世界へ」のようなことに取り組めないかと、夢が広がりました。それから教え子と連絡を取り、六人の高校生と「被爆者の方などから話を聞く学習会」を中心とする「被爆から八〇年プロジェクト」を立ち上げました。「行動しなければ何も生まれない」、「行動すれば、何かを変えられるかもしれない」、そんな思いを持ち続け、若い世代と模索していきたいと考えています。

そのプロジェクト第一回の学習会を間近に控えた一〇月一一日の夕刻に、「日本被団協にノーベル平和賞」というニュースを知りました。すぐに、二度も中学校にお招きし講演していただいた田中熙巳さんのお顔が思い浮かびました。多くの被爆者の方々と、どんなにかこの日を待ち望んでいたことでしょう。九二歳になられた今もその行動力は衰えを知らず、被団協を代表する会見の場や国会への要請行動などの際に、いつも田中さんの姿を新聞などで拝見していました。心から「おめでとうございます」と言いたいです。被団協の結成以来、核兵器の廃絶を求め続けてきた被爆者の方々の一途な姿は、今も私たちに勇気と希望を与え続けています。いま世界には九つもの核保有国があり一万発を超える核兵器があるにもかかわらず、大戦後の約八〇年間、戦争で核兵器は一度も使われませんでした。それは、「核の抑止力」のおかげなどという妄想ではなく、被爆者の方々が、壊された自らの身体を人々に晒すことさえいとわずに核兵器による被害の実相を明らかにし、核兵器の非人道性をねばり強く訴えて来られたからに他なりません。

二〇二二年の講演会で中学生に、「世界中の人たちが核を使わせない努力をしなければならない」と話された田中熙巳さんですが、本当に穏やかで飾らないお人柄です。講演後に駅までお送りした際、近くの中華料理店に入り濱中さんを含め三人でラーメンを食べたこと、翌年の講演ではご自宅までお送りした車中で被団協とともにあった人生の出会いをたくさんお話されたこと、まるで自分の父親か親戚の叔父さんと過ごしているようでした。もし、原爆の被害に遭われなければ、田中さんや被爆者の方々はどんな人生を歩まれたのでしょうか。

この本には、私の手紙や様々な文書も載っていますが、中学生の手紙や感想文・意見文などが多数掲載されています。「中学生の声を聴いて」という本の題名から当然といえば当然なのですが、この本は、これら「中学生の声」があってはじめて成り立つものです。楽しく有意義な活動と、たくさんの「声」という名の「願いや希望」を伝えてくれた中学生に心から感謝しています。

最後になりますが、私のような平凡な公立中学校教師の教育実践書の出版に多大な力をお貸しくださった高文研の飯塚直氏に深くお礼申し上げます。

二〇二四年一〇月　　日本被団協がノーベル平和賞を受賞した日に

佐々木孝夫

佐々木 孝夫（ささき・たかお）

1960年、東京都台東区（浅草）生まれ。5歳から埼玉県川越市で生活。早稲田大学法学部卒業。学生時代は学生セツルメント運動に没頭する。1年半の小学校での臨時採用教員、8か月間の地域生協職員を経て、1986年から中学校の社会科教師となる。再任用3年間を含めて38年間中学校教員を務めてきた。2024年3月に退職。この間、『歴史地理教育』誌に平和学習や主権者教育に関する実践記録を発表してきた。共著に、『明日の授業に使える中学校社会科 歴史［第2版］』（大月書店、2022年）、『明日の授業に使える中学校社会科 地理［第2版］』（大月書店、2023年）など。歴史教育者協議会会員。

カバーイラスト＝安里満輝（あさと・みつき）、2008年生まれ。

中学生の声を聴いて主権者を育てる

●二〇二四年一一月三〇日――第一刷発行

著　者／**佐々木　孝夫**

発行所／**株式会社　高文研**
東京都千代田区神田猿楽町二―一―八
三恵ビル（〒一〇一―〇〇六四）
電話０３―３２９５―３４１５
https://www.koubunken.co.jp

印刷・製本／精文堂印刷株式会社

★万一、乱丁・落丁があったときは、送料当方負担でお取りかえいたします。

ISBN978-4-87498-898-5　C0037